Durch
Tao-Strategien
zum Börsenerfolg

Mit mentaler Stärke zum Gewinn

Durch Tao-Strategien zum Börsenerfolg

Mit mentaler Stärke zum Gewinn

Robert Koppel

Titel der Originalausgabe:
Robert Koppel
The Tao Of Trading
© 1999 by Robert Koppel
All Rights Reserved. Authorized translation from the
Dearborn Financial Publishing, Inc.

Deutsche Bibliothek – CIP-Einheitsaufnahme
Koppel, Robert:
Durch Tao-Strategien zum Börsenerfolg: mit mentaler Stärke zum
Gewinn/Robert Koppel. [Übers. aus dem Amerikan. von Petra
Pyka].-Rosenheim: TM-Börsenverl. 1999
Einheitssacht.: The Tao of trading <dt>
ISBN 3-930851-30-X

© 1999 by
TM BÖRSENVERLAG AG
Salinstraße 1, 83022 Rosenheim
Telefon: 0 80 31/20 33-0
Telefax: 0 80 31/20 33 30
Internet: www.boersenverlag.de

1. Auflage 1999
Printed in Germany

ISBN 3-930851-30-X

Übersetzung aus dem Amerikanischen
von Petra Pyka, Rednitzhembach/Germany
DTP: Christine Kraut, Hallbergmoos/Germany
Druck und Bindung: Druckerei Sellier, Freising/Germany

Widmung

Für meine Familie
Mara, Lily und Niko

„Alles sollte so einfach wie möglich gehalten werden – aber nicht einfacher."

Albert Einstein

Inhalt

Vorwort

Ehrgeiz, harte Arbeit und Hektik – so lautete stets die Formel für Erfolg in der typischen, von der linken Hirnhälfte beherrschten westlichen Welt. Mein ganzes Leben lang galt diese Formel beim Sport, in der Schule und im persönlichen Bereich, und ich war sicher, sie würde mich auch in meiner Trading-Karriere zum Erfolg führen. Sie hat mir auch wirklich wertvolle Erfahrungen und berufliche Anerkennung eingebracht.

In den Jahren der Arbeit mit den Orders für Optionen von Privatkunden, ob Anhänger der quantitativen oder technischen Analyse, und von den größten, mächtigsten institutionellen Investoren habe ich genug gelernt über Angst und Gier, um schließlich selbst zu spekulieren. Rückblickend muss ich feststellen, dass ich zwar alle Voraussetzungen zum „erfolgreichen" Trader mitbrachte, doch meine Leistung nicht stabil war: Ich reagierte emotional und dachte dabei nur an den Gewinn.

Vor nicht allzu langer Zeit habe ich begonnen, ein ganz neues und anderes Wissensgebiet zu erforschen. Ich wollte herausfinden, wie ich eine höhere Ebene des Tradings erreichen könnte. Ich befasste mich mit den verschiedensten Werken über Psychologie und Leistungsoptimierung. Nachdem ich Bob Koppels frühere Arbeiten *(The Innergame of Trading, The Outer Game of Trading* und *The Intuitive Trader)* sowie einige der von ihm empfohlenen Bücher gelesen hatte, hatte ich meine persönliche Erleuchtung.

Plötzlich wurde mir klar, dass ich bereits über all die empirischen und intellektuellen Voraussetzungen zum Erfolg verfügte, ja, dass wir alle ein grenzenloses Potenzial besitzen. Vor allem aber wurden mir ein paar uralte Prinzipien bewusst, die mir geholfen haben, mich in Einklang zu bringen mit dem natürlichen Lauf und der Energie der Ereignisse meines Lebens. Inzwischen widme ich mich dank dieser neuen Einstellung jeden Tag der Weiterentwicklung von Konzentrationsfähigkeit, Intuition, Vertrauen, Entschlossenheit, Objektivität, Selbstlosigkeit und Integrität. Die Arbeit an meiner persönlichen Einstellung hat inzwischen den gleichen realen Stellenwert für mich wie die fundamentale, technische und quantitative Analyse.

Ehrlich gesagt bin ich auch jetzt noch nicht jeden – möglicherweise kaum einen – Moment voll präsent, doch mit dem Wissen und dem Rüstzeug, das Bob Koppel in *Durch Tao-Strategien zum Börsenerfolg* meisterhaft zusammengestellt hat, habe ich Phasen, in denen ich die Dinge klarer sehe. Es haben sich mir viele Wege eröffnet zu mühelosen, doch außergewöhnlichen Erfolgen. Mein Ziel ist jetzt, die Ebene der Konzentration und Entschlossenheit zu erreichen. Was unterm Strich dabei herausspringt, ergibt sich von allein. Bei der Lektüre von *Durch Tao-Strategien zum Börsenerfolg* werden Sie feststellen, dass die Konzepte, über die Bob schreibt, nicht neu sind, sondern von vielen Menschen beherzigt werden, die in den verschiedensten Gebieten äußerst erfolgreich sind.

Diese Konzepte sind so verständlich und leicht umzusetzen, weil Bob Koppel profundes, umfassendes psychologisches Wissen kombiniert mit langjähriger, persönlicher Trading-Erfahrung. Ich sehe mit Freude, dass es Bob gelungen ist, diese Konzepte leicht zugänglich in Buchform zu fassen. Lesen Sie weiter, und Sie werden sicher feststellen, dass in *Durch Tao-Strategien zum Börsenerfolg* der Weg das Ziel ist – und zwar ein lohnendes!

Tom Grossman
President, SAC International Equities, LLC.

Vorwort des Autors

„Die Wahrheit klopft an die Tür, und du sagst:
‚Geh weg, ich bin auf der Suche nach der Wahrheit.'
Da geht die Wahrheit weg."

Robert M. Pirsig,
Zen and the Art of Motorcycle Maintenance

Das einzig wahre Wesen erfolgreichen Tradings besteht darin: *Machen Sie der Wahrheit auf, wenn sie an die Türe klopft.* Sie können selbst entscheiden, ob Sie sich mit der Zuschauerrolle begnügen oder selbst aktiv werden und ins Spiel eingreifen wollen. Wer erkannt hat, wie sich dieses Klopfen äußert, woran man es erkennen kann, für den wird Trading zum Spiel, zu einer Reise, zu einem Tanz, und zu einer erstaunlichen Odyssee in die Tiefen der eigenen Persönlichkeit. Wer aber die Zeichen nicht erkennt, für den wird Trading zur Bedrohung, zur Frustration, zum schmerzlichen Erlebnis wiederkehrender negativer Assoziationen und zur angstbefrachteten Erfahrung.

Die schwierige Aufgabe für mich als Autor ist nun, einen Weg aufzuzeigen, das Trading vom Substantiv zum Verb zu machen; darüber so zu schreiben, dass nicht eine rein intellektuelle oder emotionale Darstellung entsteht; die Lücke zu schließen zwischen Vorstellungen und Theorien aus zweiter Hand und persönlichen Erfahrungen, die sich nicht bequem in starre Schubladensysteme oder Gedankengebäude einpassen lassen.

Ich denke, in dieser Beziehung können wir viel aus den Schriften des Fernen Ostens lernen. Wie ich bereits in *The Intuitive Trader* dargestellt habe, ist die westliche Hemisphäre aus rationalen, empirischen Gründen stark voreingenommen gegen die Vorstellung von „unartikulierter Wahrheit", einer Wahrheit, die man durch nicht rationale (d. h. nicht-lineare, metaphorische, phantastische) Formen erreicht. Dabei bringt

11

uns die Verinnerlichung dieser Vorstellungen dem umfassenden Verständnis der Psyche des Traders viel näher. Der Punkt ist, dass die Erfahrung von Trading-Erfolg ihrem Wesen nach subjektiv, unbewusst und intuitiv ist. Sie hat viel mehr gemein mit dem Charakter des Jazz – improvisiert, unwillkürlich, eindringlich – als mit dem wohlartikulierten und analytischen Prozess der Entscheidungsfindung.

In *Zen and the Way of the Sword: Arming the Samurai Psyche* schreibt Winston L. King: „Der Krieger konnte noch so gut ausgebildet sein in den Techniken der Kampfkunst, er musste erst die oberflächlichen Schichten seiner herkömmlichen Denkweise durchdringen, seiner gewohnheitsbestimmten Mentalität, um zum tieferen Inneren seines echten, ursprünglichen Selbst zu finden."

Die Ausbildung der Samurai beruhte auf ihrer einzigartigen Auffassung vom menschlichen Geist und, falls man es so nennen kann, dessen „innerer Wahrheitsrealität". Der Samurai durchlief einen disziplinierten Prozess der Vertiefung und Erweiterung seines Bewusstseins bis zur vollständigen Durchdringung seines Ich, zur Beherrschung jedes seiner Gedanken und jeder seiner Handlungen. Die Wahrheit war existenziell und empirisch, nicht intellektuell.

Der Existenzkampf des Traders ist genauso real! Jeder Trader weiß, dass die Wahrheit des Marktes existenziell ist, nicht intellektuell. Ihre Wahrnehmung und der Umgang mit ihr kommen aus dem Bauch, nicht aus dem Kopf. Die Weisheit des Marktes ist wie die Wahrheit der Samurai eine praktische Wahrheit, die nur in der Handlung Ausdruck und Realität finden kann. Auf rein theoretischer Ebene kann sie nicht bestehen.

Mit *Durch Tao-Strategien zum Börsenerfolg* wollte ich einen Text schaffen, der über Metaphern, Geschichten, Interviews, Autobiographisches und Epigramme die Phantasie des Lesers anspricht, die „nicht-rationale" Seite – ähnlich wie Phil Jacksons *Sacred Hoops* und Eugen Herrigels *Zen in the Art of Archery*. In *The Intuitive Trader* habe ich ja bereits dargestellt, dass Trading auf höchster Stufe – wie jede Spitzenleistung – die Fähigkeit und Freiheit beinhaltet, nach den eigenen inneren Wahrnehmungen und Empfindungen der Wahrheit zu agieren, ungeachtet aller konventionellen Weisheiten, Regeln und Methoden „solider" Trading-Ansätze.

Durch *Tao-Strategien zum Börsenerfolg* will daher keine Marktwahrheiten erklären oder beschreiben, sondern vielmehr Türen aufzeigen und aufstoßen. Dem Leser wird vor Augen geführt, wie Märkte und Trading wirklich sind: lebendig, dynamisch, robust – nicht zerstückelt und analysiert wie eine Leiche auf dem Seziertisch. Alan Watts Kommentar zu seinem Buch *The Spirit of Zen* macht diesen Gedanken deutlich: „Eine gute Darstellung von Zen sollte uns vom Denken abbringen. Der menschliche Geist sollte dadurch werden wie ein offenes Fenster, nicht wie eine farbige Glasscheibe."

Ich wünsche Ihnen Erfolg – beim Trading und bei allen anderen Dingen des Lebens!

Danksagung

Ich möchte mich bei all den Tradern bedanken, die mir Einsicht gewährt haben in ihre Gedanken und Erkenntnisse über die Funktionsweise ihre Kreativität. Mit besonderer Anerkennung möchte ich meinen Freund und Geschäftspartner Howard Abell erwähnen, dem ich unschätzbare Beiträge verdanke. Außerdem möchte ich Mara Koppel danken. Sie hat das Originalmanuskript gelesen und erstklassige Verbesserungsvorschläge gemacht, die sämtlich berücksichtigt wurden. Mein Dank gilt auch Cindy Zigmund und der Belegschaft von Dearborn Financial Publishing, die mich während der Arbeit an diesem Projekt stets zuverlässig unterstützt haben.

Zum Schluss möchte ich noch meinen vielen Lesern danken, ohne die meine Arbeit keinen Sinn hätte.

Das Tao und der Taoismus

Der chinesischen Überlieferung nach geht das Tao (*Dao* ausgesprochen) auf Laotse zurück, der 604 v. Chr. geboren wurde. Er gilt als rätselhafte Figur, die oft als eigenbrötlerischer Einsiedler, aber auch als bodenständiger, genialer, lebensfroher Mann mit einem Sinn für deftigen Humor geschildert wird. Der Name Laotse bedeutet soviel wie „alter Junge", „alter Knabe" oder „der große alte Meister". Laotse hat nie selbst religiöse Lehren verbreitet oder dergleichen organisiert und auch nicht nach Ruhm und Glück gestrebt.

Nach Huston Smith, Autor von *The World's Religions,* hat Laotse die Einsamkeit gesucht, weil es ihn traurig stimmte, dass die Menschen die ihnen seiner Ansicht nach angeborenen guten Eigenschaften vernachlässigten. Eine Legende sagt, dass er auf einen Wasserbüffel stieg und nach Westen ritt, ins heutige Tibet. Am Hsien-ku-Pass versuchte ein Wächter, den seltsamen Reisenden zur Umkehr zu bewegen. Als ihm dies nicht gelang, bat er Laotse um ein schriftliches Dokument seines Glaubens für die Zivilisation, die er hinter sich ließ. Laotse zog sich drei Tage zurück und erschien dann mit einem dünnen Bändchen von 5000 Schriftzeichen mit dem Titel *Tao Te Ching (Der Weg und seine Macht).* Es ist ein Zeugnis vom Begriff des Menschen von sich selbst im Universum. Man kann es in einer halben Stunde lesen – oder ein ganzes Leben lang. Bis zum heutigen Tag ist es die Grundlage der taoistischen Philosophie.

Das Tao lehrt, dass wir alle grenzenlose Kraft und Potenzial besitzen, die wir freisetzen können, wenn wir mit dem natürlichen Fluss der Energie und der Ereignisse in Einklang stehen. Das Tao fördert persönliche Weiterentwicklung und Vervollkommnung und lehrt uns, auf die Herausforderungen des Lebens zu reagieren wie Wasser – nachgiebig, ohne unnatürliche Energien zu erzwingen, indem man den Weg des geringsten Widerstandes geht.

Nach dem Tao Te Ching kommt der, der dem Tao folgt, in Einklang mit dem Lauf des Universums, mit dem Rhythmus und der Harmonie aller Dinge: „Je mehr man daraus schöpft, desto mehr fließt, denn es ist ein ewiger Brunnen. Es ist geschmeidig, nicht sprunghaft, fließend, nicht stockend, und über alle Maßen großzügig und mächtig."

„Das große Dao erstreckt sich überall.
Aller Dinge Wachstum hängt an ihm,
Und es versagt sich ihnen nicht...
Es kleidet und nährt alle Dinge,
Doch es schwingt sich nicht auf zu ihrem Herrn...
Am Ende strebt es nicht nach Größe,
Und so wird das Große vollbracht."

Laotse, *Tao Te Ching*

Teil I

– Das Bewusstsein eines Künstlers –

Der Geist des Jazz

Sobald man ein Kunstmuseum oder eine Galerie betritt, wird offensichtlich, dass Künstler das Leben anders wahrnehmen und verarbeiten als die meisten anderen Menschen. Das Bewusstsein des Künstlers eröffnet neue Wege und hält unvermittelt inne, einer kreativen Landkarte folgend, die zu ausgefallenen Zielen führt. Es ist die unterschwellige Fähigkeit, die Wahrheit anzudeuten, die das Bewusstsein des Künstlers so einzigartig macht: die Wahrheit zu zeigen, nicht durch die Darstellung ihrer Beschreibung durch einen Dritten, sondern durch den Hinweis auf das Magische, den ewig flüchtigen Geist, den Rhythmus und die Atmosphäre der Wahrheit durch Bilder und Symbole – einer Wahrheit, die gleichzeitig neuartig und zugänglich ist.
Ich bezeichne das als *magisch,* weil es den Künstler wie den Betrachter mit Energie versorgt, seine Gedanken, Visionen und Einsichten bereichert und stärkt. Es ist magisch auf eine Art, wie es Logik nie sein wird. In seinem Buch *Picasso* schreibt Norman Mailer über dessen Werk, dass alles eine magische Qualität hat, was uns laufend mit neuen Assoziationen versorgt.

Eine Zeremonie, eine Person oder ein Objekt kann uns nur dann bereichern, wenn sein Wesen, sein „künstlerisches" Wesen uns zu weiteren Forschungen anregt oder Beziehungen herstellt. Das bedeutet, es muss seinem Wesen nach über das Bekannte hinausgehen. Vielleicht hat deshalb gute Poesie eher eine magische Wirkung als gute Prosa – ihre Botschaft ist nicht so offensichtlich, mehr hintergründig, lädt ein zu einfühlsamer Erforschung.

Die Choreographin Agnes de Mille hat einmal gesagt: „Leben ist eine Form der Unsicherheit, der Ungewissheit über das Was und Wie des Bevorstehenden. Kennt man das Wie, ist man bereits ein bisschen gestorben. Der Künstler kennt es nie. Wir raten, wir irren uns vielleicht, doch wir springen Satz für Satz durch die Dunkelheit."

Hat man einmal tiefere Einsicht gewonnen in das, was im Bewusstsein eines Künstlers eigentlich abläuft, so gelangt man zu einer besonders faszinierenden und aufschlussreichen Interpretation der kreativen und intuitiven Fähigkeiten internationaler Spitzen-Trader. Wer über Trading schreibt, muss sich insbesondere vor zwei Extremen hüten: so wenig zu definieren und zu erklären, dass der Leser gar nichts mehr versteht, bzw. alles so gründlich zu erläutern, dass sich der Leser am Schluss für allwissend hält.

Meiner Erfahrung im Umgang mit Top-Tradern nach ist Trading-Erfolg mehr eine ästhetische als eine analytische Angelegenheit. Trading als Tätigkeit lässt sich eher mit Adjektiven charakterisieren, die der rechten Gehirnhälfte zuzuordnen sind – *phantasievoll, subjektiv, künstlerisch, intuitiv, metaphorisch* und *gefühlvoll* –, nicht so sehr mit den für die linke Gehirnhälfte typischen Attributen wie *analytisch, objektiv, wissenschaftlich, logisch* und *rational*.

Natürlich wäre es ein schwerer Fehler, die Bedeutung von Logik, Wissenschaft und Vernunft fürs Trading zu unterschätzen. Erfolgreiches Trading jedoch, wie es von den Top-Tradern der Welt praktiziert wird, erfordert weit mehr als spezifische analytische oder strategische Fähigkeiten. Es erfordert die Entwicklung, Pflege und Steuerung von Gewohnheiten, Denkmustern und kreativen Verhaltensweisen, die unser Denken und Handeln am Markt bestimmen.

In nahezu jedem der Bücher zum Thema Trading werden Sie zumindest mehrere der folgenden Axiome entdecken:

- Kaufen Sie niedrig, verkaufen Sie hoch.
- Der Trend ist Ihr Freund.
- Meiden Sie die Masse.
- Nehmen Sie kleine Verluste mit.
- Nehmen Sie große Gewinne mit.
- Traden Sie nicht über Ihre Verhältnisse.
- Achten Sie auf gutes Geldmanagement.
- Aus einem Gewinn darf kein Verlust werden.
- Stocken Sie Verlustpositionen niemals auf.
- Beharren Sie nicht auf Ihrem Standpunkt.
- Der Markt hat immer Recht.

- Kaufen Sie das Gerücht, verkaufen Sie die Tatsache.
- Engagieren Sie sich auf umsatzstarken Märkten.
- Richten Sie sich bei Kauf und Verkauf nicht allein nach dem Kurs.
- Schützen Sie Ihr Einsatzkapital.

Wer alle Regeln kennt oder ein bestimmtes objektives Trading-System perfekt beherrscht, ist aber leider so weit vom Top-Trader entfernt wie Malen nach Zahlen von einem Picasso. In *Sacred Hoops* schreibt Phil Jackson:

> Als ich 1989 zum Cheftrainer der Chicago Bulls ernannt wurde, träumte ich sicherlich davon, Meistertitel zu gewinnen. Doch das war nicht alles: Ich wollte dabei meine beiden größten Leidenschaften verknüpfen – Basketball und die Erforschung des Bewusstseins... Beim Basketball – wie im wirklichen Leben – empfindet man echte Freude dann, wenn man in jedem einzelnen Moment voll da ist, nicht, wenn gerade mal alles gut läuft. Es ist natürlich kein Zufall, dass gerade dann alles gut läuft, wenn man aufhört, darüber nachzudenken, ob man gewinnen oder verlieren wird, und sich stattdessen voll auf das Hier und Jetzt konzentriert... Für mich ist Basketball ein Sinnbild des Lebens, ein einzelner, manchmal glitzernder Faden, der für das Ganze steht. Wie das Leben ist auch ein Basketballspiel chaotisch und unvorhersehbar. Es macht mit dir, was es will, so sehr du dich auch mühst, es unter Kontrolle zu bringen. Der Trick dabei ist, jeden Augenblick mit klarem Kopf und offenem Herzen anzunehmen. Wenn du das tust, dann läuft das Spiel – und auch das Leben – von ganz allein.

Trading hat etwas Ungreifbares, Subjektives und Intuitives, das eine Einstellung verlangt, die mehr mit dem Geist des Jazz gemein hat – improvisiert, instinktiv und lebendig –, als mit den objektiven, auf festen Regeln beruhenden Systemen rationaler Entscheidungsfindung. Für mich persönlich war Jazz seit meiner Kindheit eine meiner ganz großen Leidenschaften. Wenn ich die Augen schließe und in mich hinein höre, kann ich jederzeit die Musik von Bud Powell, Bill Strayhorn,

21

Eric Dolphy, Clifford Brown, Miles Davis und McCoy Tyner heraufbe-
schwören. Wie wirklich gekonntes Trading ist auch Jazz viel leichter zu
erkennen als zu beschreiben. Dazu fällt mir die lakonische Antwort
Fats Wallers auf die Frage eines Kritikers nach einer Definition des
Jazz ein. „Wenn Sie die Antwort nicht wissen", sagte Fats, „dann lassen Sie die Finger davon."
Wie jede anspruchsvolle Musik verlangt der Jazz vom Musiker ein gewisses technisches Können und eine ungeheure Disziplin. Hier unterscheidet er sich in nichts von Beethovens Quartetten oder Bachs Gold-
berg-Variationen. Hört ein Trader aber Charlie Parker, Duke Ellington
und John Coltrane oder nimmt die Songs von Ella Fitzgerald, Carmen
McRae oder Shirley Horn auf, so hat das eine einzigartige und, wie ich
glaube, sehr hilfreiche Wirkung. Ich will damit nicht sagen, dass Ellington Beethoven vorzuziehen sei, oder dass Coltrane oder Parker loh-
nendere Studienobjekte abgeben als Bach. Das liegt mir völlig fern!
Seinem Wesen und Charakter nach verfügt der Jazz jedoch über
etwas, das sich mir als die vollkommene Metapher zur Veranschauli-
chung der Kunst des Tradings darstellt. Im Grunde geht es beim Jazz
seit jeher um Experimentierfreudigkeit – ob in den frühen Stücken von
Louis Armstrong oder der neueren Musik von Coleman Hawkins. Wie
beim Trading kann man „fühlen", welche psychologischen Anforderungen dabei an den Künstler gestellt werden, der mit seinem Instru-
ment gefährlich nah am Rande des Chaos laviert. Wir haben es hier
mit einer ausgesprochen abwechslungsreichen psychologischen
Landschaft zu tun, in der im Wechsel erst auf den letzten Blick er-
kennbare Serpentinen und Haarnadelkurven auf uns lauern. Ein Universum ganz ohne regelmäßige, euklidische Formen. Es ist gleichzeitig gerade und gebogen, gezackt, verknotet, verdreht, ruhig und
lebhaft – immer spontan und selten vorhersehbar.
Jazz ist eine Kunstform der Improvisation. Individueller Stil, Klang,
Ideen und Struktur drücken die Persönlichkeit des Musikers aus, ob in
der introvertierten, verschlungenen, intensiven, unruhigen Musik eines
Miles Davis oder in den ausgelassenen, übermütigen, fröhlichen Ar-
rangements von Fats Waller oder im einzigartigen Bebop-Sound von
Thelonius Monk. Das Lebensblut dieser Musik – und nur darum geht
es hier – ist spontane Kreativität.

In Nat Hentoffs Buch *Jazz Is* erläutert ein Musiker, was seiner Ansicht nach einen guten Jazzer ausmacht. Es ist eine Beschreibung, mit der sich die meisten Trader auf Anhieb identifizieren können:

> Es ist jeden Abend so, als müsse man nackt auf die Bühne. Jeder Einzelne kann allen anderen die Tour vermasseln, denn wir improvisieren da draußen. In der klassischen Musik gibt es Partituren. Wir müssen uns selbst etwas ausdenken oder es jedenfalls versuchen, und dabei immer vorwegnehmen, was wohl die anderen tun werden. Jede Sekunde ist Risiko. Deshalb verausgaben sich Jazzmusiker bei Auftritten bis zur Erschöpfung. Es kann auch eine äußerst erhebende Erfahrung sein, doch immer ist da die Angst im Hintergrund, das Gefühl, hoch oben auf dem Drahtseil zu stehen ohne Netz.

Der alte chinesische Spruch „Der Weg ist das Ziel" gilt für den Trader ebenso wie für den Jazzmusiker. Der Weg ist gleichzeitig voller Chancen und Risiken. Wagt man den Satz ins Dunkle oder wagt man ihn nicht? Beide, Trader wie Jazzer, stehen vor der Herausforderung, einen einzigartigen Stil zu entwickeln, der über Zeitgeist und Verstand hinausgeht, was beides für den Einzelnen nicht zwingend von Bedeutung ist. Wir bewegen uns hier jenseits des philosophischen Absoluten, jenseits der tröstlichen Vertrautheit und psychologischen Sicherheit fester Prinzipien, am Rande des Chaos, das wir brauchen, um unseren eigenen Charakter als Trader, Musiker oder Mensch zu entwickeln. Wir müssen lernen, uns in dem zu Hause zu fühlen, was Zen bezeichnet als „die große Leere ..., ohne einen Ziegel über dem Kopf, ohne einen Zentimeter Boden unter den Füßen."

Mag sein, dass diese Sichtweise in Bezug auf Musik oder Trading auf den ersten Blick unkonventionell wirkt. Ich will darauf hinaus, dass es da beim Trading etwas Ähnliches gibt wie in der Kunst – ein mysteriöses, widersprüchliches, irrationales, unergründliches Element, für den Taoisten also etwas, das sich der konventionellen Denkweise entzieht, das hinausgeht über alles, was wir uns oder anderen durch Worte oder andere Darstellungen von Informationen durch Symbole begreiflich machen können. Betrachten wir einmal den folgenden Auszug aus dem *Tao Te Ching:* „Noch bevor Himmel und Erde entstanden, war da etwas Unbestimmtes. Wie ruhig! Wie leer! Es steht allein, unveränderlich, es wirkt überall, unermüdlich. Es ist wie die Mutter aller Dinge unter dem Himmel. Ich kenne seinen Namen nicht, doch ich nenne es Tao."

„Das Tao ist etwas Verschwommenes und
Unbestimmtes.
Wie unbestimmt! Wie verschwommen!
Und doch sind Bilder darin.
Wie verschwommen! Wie unbestimmt!
Und doch sind Dinge darin.
Wie undeutlich! Wie verworren!
Und doch ist geistige Kraft darin.
Und weil diese Kraft wahrhaftig ist,
ist darin Vertrauen."

„Das Prinzip des Tao ist Spontaneität."

„Das große Tao fließt überall,
zur Linken wie zur Rechten.
Die Existenz aller Dinge hängt davon ab, und es
lässt sie nicht im Stich.
Es rühmt sich seiner Verdienste nicht.
Es liebt und nährt alle Dinge,
doch es beherrscht sie nicht."

„Hört der Überlegene vom Tao,
so müht er sich nach Kräften, sich daran zu halten.
Hört der Mittelmäßige vom Tao,
so hält er sich manchmal daran, und manchmal nicht.
Hört der einfache Mann vom Tao,
so wird er laut darüber lachen.
Lachte er nicht, so wäre es nicht das Tao!"

„Die wissen, sprechen nicht.
Die sprechen, wissen nicht."

Laotse, *Tao Te Ching*

In *Hear Me Talkin' to Ya* (Shapiro und Hentoff, 1966) sagt Charlie Parker: „Musik besteht aus deinen persönlichen Erfahrungen, deinen Gedanken, deiner Weisheit. Lebt man sie nicht, kommen sie auch nicht aus der Trompete." Dieses Zitat erinnert stark an die Antwort Bryan Gindoffs auf meine Frage in *Bulls, Bears and Millionaires,* wodurch er sich von anderen Tradern unterscheide: (Gindoff ist Drehbuchautor und Portfolio-Manager.)

Vermutlich sollte ich mich auch fragen, was mich von allen anderen Autoren unterscheidet? Die Antwort ist, ich habe eine eigene Stimme. Im Laufe der Zeit habe ich gelernt, sie als mein ureigenstes Charakteristikum zu projizieren und zu identifizieren. Eine Stimme ist etwas sehr Subjektives, die ganz persönliche Art, etwas zu erzählen, die man im Laufe der Zeit erwirbt, wenn man nur lange genug in sich geht und hart genug an sich arbeitet. Wer als Trader eine eigene Stimme entwickelt hat, hat einen individuellen Ansatz und eine individuelle Methode zur Identifikation von Trading-Gelegenheiten. Ob als Autor oder als Trader – es ist die Stimme, die Sie einzigartig macht.

Picasso hat gesagt, Malen kann man nicht lernen, sondern nur finden. Große Trader werden wie alle großen Künstler von einem inneren Tao geleitet, einer inneren Stimme, die rhythmisch und harmonisch im Einklang steht und eifrig improvisiert und dabei Talent hervorbringt, wenn der Geist aufnahmefähig und das Herz bereit ist, den Markt oder die Welt in sich aufzunehmen. Der Schweizer Psychologe Carl Jung hat das ganz ähnlich formuliert: „Die Kreativität wird nicht vom Intellekt erreicht, sondern vom Spieltrieb, von einer Art innerem Drang. Der kreative Geist spielt mit dem Objekt seiner Leidenschaft."

Ob ich damit sagen will, dass die Top-Trader der Welt so etwas wie ein kunstvolles Spiel betreiben? Genau das! Und mehr noch, meiner Erfahrung und meinen Gesprächen mit hunderten von Trading-Größen nach ist es der „Geist" ihres Tradings, der sie wirklich einzigartig und erfolgreich macht. Muss man sich da noch wundern, dass jemand zwar stapelweise Bücher über Trading-Methoden und -Strategien lesen kann und doch nie so erfolgreich sein wird wie ein George Soros? Genauso wenig könnte ich mir ein paar Bücher über Opern kaufen und nach der Lektüre singen wie Pavarotti. Schön wär's.

Hören Sie, was die Top-Trader selbst dazu zu sagen haben. Betrachten Sie ihre Aussagen nicht als Philosophie, sondern aus dem Blickwinkel des Tao-Spruchs: „Eine alte Kiefer predigt Weisheit, ein wilder Vogel ruft Wahrheit." Ich persönlich halte den Begriff *Geist* für ausgesprochen passend zur Beschreibung der Einzigartigkeit jedes Traders. Ursprünglich hatte ich die Bezeichnung Wahrheit im Sinn (d. h. Marktwahrheit). Dann verwarf ich sie wieder, da sie mir zu befrachtet war. In dem Begriff Geist steckt mehr Vitalität und Gefühl der Lebendigkeit – die dynamische Natur von Tradern und Märkten eben. Viele von uns haben bereits des Öfteren erlebt, wie sich ultimative Marktwahrheiten, wenn man sie endlich erkannt glaubte, in Luft auflösten. Wahrheit kann man sich nicht aneignen, sie ist auf chaotische Weise lebendig und entwickelt sich ständig weiter. In *The Spirit of Zen* schreibt Alan Watts, „...Wahrheit ist Leben, und die Vorstellung, ein Einzelner könne alles Leben besitzen, ist völlig absurd. Ein Teil kann nie das Ganze besitzen."

Das *Chuang-tzu,* die zweite große Schrift des Taoismus neben dem *Tao Te Ching,* erzählt folgende Geschichte:

Shun fragte Ch'eng, „Kann man das Tao für sich alleine haben?"
„Nicht einmal dein Körper", erwiderte Ch'eng, „gehört dir allein. Wie sollte dir da das Tao gehören?"
„Wenn mein Körper nicht mir gehört", sagte Shun, „wem um Himmels Willen gehört er dann?"
„Er ist das übertragene Bild des Tao", entgegnete Ch'eng. „Dein Leben gehört auch nicht dir. Es ist die übertragene Harmonie des Tao.

Auch deine Persönlichkeit gehört dir nicht. Sie ist die übertragene Abwandlung des Tao.
Du bewegst dich, doch du weißt nicht wie. Du bist entspannt, doch weißt nicht warum... Hier wirken die Gesetze des Tao. Wie solltest du dir da das Tao zu eigen machen können?"

Sobald jemand versucht, sich die Wahrheit zu eigen zu machen, versucht er auch, sie zu definieren. Der Taoist würde sagten, die Vorstellung von Besitz sei illusorisch. Leben (d. h. Trading) kann man nicht erfassen, man muss es erleben. Wie Alan Watts in *The Way of Zen* erklärt:

Wer das Tao annimmt, der läuft nicht mehr vor dem Leben davon, sondern er läuft mit ihm mit. Freiheit entsteht durch vollkommene Annahme der Realität. Wer sich an seine Illusionen klammert, der bewegt sich nicht vorwärts; wer sie fürchtet, stürzt sich rückwärts in noch größere Illlusionen, während die, die ihre Illusionen überwinden, „weiterkommen".

„Wenn sie dich neugierig fragen und wissen wollen,
was es ist,
sag nicht ja, und sag nicht nein.
Denn was bejaht wird, ist nicht wahr,
und was verneint wird, ist nicht wahr.
Wie soll jemand wahrhaftig sagen, was das ist,
wenn er es selbst nicht ganz begriffen hat?
Und, wenn er es begriffen hat, woher soll er
die Worte nehmen für etwas,
das mit Worten nicht zu beschreiben ist?
Schweige daher auf alle Fragen.
Schweige – und weise den Weg."

Zitat von Alan Watts nach *Tao Te Ching*

Die Top-Trader

Scott A. Foster

Mr. Foster ist Präsident und CEO (Vorstandsvorsitzender) von Dominion Capital Management, Inc., einer Trading-Firma, die sich auf derivative Finanzinstrumente aus aller Welt spezialisiert hat und $200 Millionen verwaltet. Bevor er 1994 DCM gründete, war Mr. Foster Senior Trader bei der AO Management Corp.

Mir war von Anfang an klar, dass ich es mit den besten und hellsten Köpfen der Welt zu tun hatte. Ich glaube nicht, dass sich die geistige Elite mit der Heilung von Krebs beschäftigt; sie ist an den Finanzmärkten zu finden, denn dort sitzt das Geld. Und wer einen Dollar verdienen will, der muss ihn jemand anderem abluchsen. Von dieser Warte aus begreift man, dass der Markt zwei Seiten hat. Will man einen Kontrakt kaufen, muss ihn ein anderer verkaufen, und wenn er ihn verkaufen will, glaubt er genau das Gegenteil von dem, was Sie glauben – sonst würde er nicht verkaufen! Betrachtet man den Markt aus dieser Perspektive, so muss man notgedrungen ein eigenes Profil entwickeln. Man muss tun, was man für richtig hält, um all diese Trader und Institutionen zu schlagen – Trading-Firmen, die über Heerscharen promovierter Mitarbeiter verfügen und professionelle Trader, die seit Jahren präsent sind und auf unbegrenzte finanzielle Mittel und Research-Möglichkeiten zurückgreifen können.
Sobald ich die Fundamentals einigermaßen verinnerlicht hatte, war mir klar, dass ich bestimmte Firmen niemals schlagen würde. Mir ging es mehr um die Konzentration auf den Markttenor, die Marktpsychologie, um die mehr temporären Aspekte des Tradings. Man muss ein eigenes Profil entwickeln, und man darf die Konkurrenz nie unterschätzen, denn sie ist gewaltig: talentiert, fleißig, finanzkräftig!
Der Markt lehrt uns, mit dem Unerwarteten zu rechnen und allzeit bereit zu sein! Man kommt in Situationen, die man sich nie hätte träumen lassen, und muss dann Entscheidungen treffen. Und diese Entschei-

dungen dulden keinen Aufschub. Bedenkzeit gibt es nicht. Auf dem Markt wird gehandelt, und man muss entweder aussteigen oder mitmachen. Trotz guter Vorbereitung gerät man auch mal in Situationen, die man um jeden Preis vermeiden wollte. Hier ist Einfallsreichtum und Flexibilität gefragt. Man muss wissen, wie man mit Fremdmitteln arbeitet und davon profitiert. Die Kapitaldecke darf nie so klein sein, dass man auf andere angewiesen ist – doch niemand ist da, der hier warnend eingreift! Durch Versuch und Irrtum, was mich mehrmals beinahe in den Ruin getrieben hat, habe ich gelernt, zu überleben. Heute weiß ich, dass ich gut bin.

Ich weiß jetzt, dass ich es geschafft habe, mich von Verlusten auf dem Papier in Höhe von 70 bis 80 Prozent meines Einsatzkapitals zu Rekordwerten beim Kapitalzuwachs hochzuarbeiten. Es ist mir immer wieder gelungen, hier neue Höchstwerte zu produzieren. Ich habe mich vom Day-Trading aufs Spread-Trading verlegt und alle erdenklichen Strategien und Stilrichtungen auf vielen verschiedenen Märkten ausprobiert. Ich glaube, dass ich die Marktpsychologie ganz gut beurteilen kann. Ich denke, ich könnte auf jedem Markt der Welt Gewinne erzielen, auf dem Trading möglich ist. Man muss die eigenen Ecken und Kanten kennen. Ich habe mit Tradern gesprochen, die nur noch Verluste machen und nicht verstehen, warum es ihnen nicht gelingt, Geld zu verdienen. Ich frage dann immer: „Was haben Sie getan, als Sie noch Gewinn gemacht haben?" Manchmal können sie nicht sagen, was sie getan oder warum sie gewonnen haben. Sie wissen nicht genau, was sie mitbringen, das sie einzigartig macht und ihnen ermöglicht, Gelegenheiten wahrzunehmen.

Würden Sie mich fragen, was Scott Foster am Markt einzigartig macht, so ist das meiner Ansicht nach mehr mein psychologischer Ansatz, nicht so sehr eine bestimmte Methodik. Ich versuche immer herauszufinden, was gut läuft. Zeitweilig habe ich mich ausschließlich auf den Viehmarkt konzentriert. Zu anderen Zeiten habe ich mich nur mit Spreads befasst. Ich habe monatelang nur Day-Trading mit S&P-Futures betrieben. Glücklicherweise nahmen all diese Erfahrungen einen guten Ausgang. Man muss flexibel sein, und vielseitig. Man darf sich nicht auf die Kenntnis eines einzigen Marktes oder auf einen technischen oder taktischen Ansatz verlassen. Bei plötzlichen Marktveränderungen steht man sonst da wie ein Reh im Scheinwerferlicht.

> „Was für Bogenschießen und Fechtkunst gilt, gilt auch für alle anderen Künste. So bringt man es nur zur Meisterschaft im Tuschzeichnen, wenn die Hand in perfekter Beherrschung der Technik ausführt, was vor dem geistigen Auge steht, und zwar genau in dem Moment, in dem die Vorstellung entsteht – ohne die geringste Verzögerung. Die zeichnerische Darstellung wird zur spontanen Kalligraphie. Auch hier könnte die Anweisung für den Künstler lauten: Verbringe zehn Jahre damit, Bambus zu betrachten, werde selbst zum Bambus, vergiss dann alles und – male."

> Eugen Herrigel,
> *Zen in the Art of Archery*

Jack Sandner

Mr. Sandner war früher Prozessanwalt und trat 1971 der Chicago Mercantile Exchange bei. Seit 1977 gehört er ihrem Vorstand an, dessen Vorsitz er zur Zeit innehat. Außerdem ist er Präsident und CEO (Vorstandsvorsitzender) von RB&H, Inc., einer Bank, die Futures gegen Kommission handelt.

Die Antwort auf die Frage, wodurch jemand konkurrenzfähig und ehrgeizig wird, liegt in den Tiefen des Bewusstseins. Sie werden feststellen, dass der Wunsch nach Erfolg und die Fähigkeit, in jedem beliebigen Bereich Wege zum Erfolg aufzutun, einander ergänzen. So wird ein Boxer, der siegen will, vielleicht besonders hart trainieren und sich mit unterschiedlichen Techniken befassen, statt einfach drauflos zu schlagen. Man findet immer einen Weg zum Erfolg – meist durch harte Arbeit und Disziplin...

Beim Boxen wird man seinen Kampfstil anpassen, je nachdem, gegen wen man kämpft. Hat er einen besonders guten Schlag oder ist er mehr der zähe, wendige Typ? Ich versuche stets, Punkte zu machen. Entweder gewinne ich, oder ich werde k. o. geschlagen. Das Wichtigste ist, dass man am Ende als Sieger aus dem Ring geht. Aufs Trading bereitet sich jeder anders vor. Aufgrund meiner kämpferischen Natur habe ich die Märkte wohl immer als Austragungsort eines Wettkampfs betrachtet...

Ich habe den Trading-Erfolg wohl intuitiv als beständig empfunden, nicht als einmalige Geschichte. Hat man das erkannt und eingesehen, dass letztendlich die Gesamtbilanz ausschlaggebend ist, dann kann man den Markt objektiv angehen.

Gewinnen ist nicht eine Tagesangelegenheit, denn niemand kann jeden Tag gewinnen. Man entwickelt Regeln und Disziplin und einen eigenen Ansatz. Natürlich muss man wissen, dass zum Gewinnen auch bestimmte Standards und Bewegungen gehören. Das erfährt man nur durch Versuch und Irrtum. Wichtig ist, auf das Marktgeschehen zu reagieren wie ein Sieger. Wer so große Angst vor Verlusten hat, dass er sich nicht traut, vorwärts zu gehen, wird nie ein Trader. Trading funktioniert auch nicht nach dem Alles-oder-nichts-Prinzip. Man kann beim Trading nicht sagen, entweder mache ich heute eine Million, oder ich verliere alles, was ich habe. Das kann nicht gut gehen. Trading muss man als längerfristige Erfahrung betrachten und wissen, wie man individuell reagiert. Die katastrophalen Trader sind meiner Erfahrung nach oft die, die nicht mit Verlusten umgehen können. Sie wissen einfach nicht, wie sie darauf reagieren sollen. Aus Angst vor Verlusten bleiben sie zu lange am Ball. Dadurch geraten sie in Situationen, in die sie sonst gar nicht kämen. Ein gesunder Respekt vor dem Markt ist sicher angebracht, doch die Verlustangst darf nicht so übermächtig sein, dass man gar nicht mehr gewinnen kann. Wenn man Kinder beobachtet, sieht man ganz genau, welches auf Sicherheit spielt, um nicht zu verlieren, und welches aufs Ganze geht. Es gibt Kinder, die bleiben auf dem Sprungbrett stehen, weil sie sich nicht trauen ins Wasser zu springen. Und es gibt Draufgänger, die sich eine blutige Nase holen. Der Erfolg auf dem Markt liegt irgendwo in der Mitte zwischen zu großer Angst und zuviel Aggressivität.

„Verbringe die Nächte mit dem Studium des Talmud, und die Tage damit, aus der Hüfte zu schießen."

Irving Layton, Dichter

Mike Dever

Mr. Dever ist Präsident und CEO (Vorstandsvorsitzender) von Brandywine Asset Management, einer Commodity Trading Advisor-Firma, die $200 Millionen verwaltet.

Ich liebe neue Herausforderungen, lerne gern dazu. Ich würde sterben vor Langeweile, wenn ich jeden Abend nach Hause gehen und vor dem Fernseher sitzen müsste. Trading ist deshalb so faszinierend, weil es immer wieder neu ist. Von einem Tag auf den anderen ändert sich alles. Ich habe Menschen kennen gelernt, die ständig auf der Suche danach waren, was sie aus ihrem Leben machen wollten. Ich versuche ständig, so viele Leben wie möglich in dieses eine zu pressen. Es hat schon immer so viele Dinge gegeben, die ich machen wollte. Ich hatte das Glück, sehr früh meine Leidenschaft fürs Trading zu entdecken. Die Faszination war so groß, dass ich die letzten 18 Jahre damit zugebracht habe, das Steckenpferd zu einem florierenden Unternehmen auszubauen.

Ab und zu hört man, wie über einen bestimmten Trader gesagt wird: ‚Wissen Sie, der ist ein Naturtalent, der geborene Trader'. Es heißt, er habe einen intuitiven Sinn für die Märkte. Offen gesagt, Intuition ohne Erfahrung ist meiner Ansicht nach einfach Glück. Manche Leute steigen ins Trading-Geschäft ein und machen sofort Gewinn. Andere sagen dann, sie seien fürs Trading geboren. Meiner Ansicht nach haben sie nur Glück. Intuition ist nicht angeboren. Sie ist nichts anderes als instinktive Verarbeitung erworbenen Wissens. Sie wächst mit der Erfahrung, und das ist die wirkliche Grundlage beständigen Trading-Erfolgs.

„Der beste Rat, den ich je bekommen habe, ist der, den ich Neulingen im Radiogeschäft erteile: Um erfolgreich zu vermitteln, dass man versteht, wovon man spricht, sollte man am besten verstehen, wovon man spricht. Doch der Radionachwuchs ist an guten Ratschlägen nicht interessiert. Wie sind Sie an Ihren Posten gekommen? Wie viel verdienen Sie? – Das sind die Fragen, die mir gestellt werden."

Scott Simon, National Public Radio

Solomon Cohen

Mr. Cohen leitet CK Partners, Inc., in New York, die Anlageberatung von Gazelle Global Fund Limited. Der Gazelle Fund war 1995 der Aktienfonds mit der höchsten Rendite. Bevor er seine eigene Firma gründete, hatte Cohen bei James Capel & Co. im Derivate-Handel und im Eigenhandel gearbeitet.

Trading hat mich viel gelehrt über mich selbst – zu unterschiedlichen Zeiten, in unterschiedlichen Situationen. Es hat mir gezeigt, dass ich sehr diszipliniert arbeiten kann, ohne Druck von außen. Es hat mich gelehrt, dass ich eigenständig arbeiten kann. Es gelingt mir oft, das Puzzle zusammenzusetzen, selbst wenn ein paar Teile fehlen. Ich sehe in einem Trade Dinge, die sich anderen Tradern verschließen. Manchmal merke ich, dass mein Verhalten arrogant war.

Es ist faszinierend, wie wir beim Trading Dinge über uns erfahren, die wir vielleicht gar nicht wissen wollen. Lehrreich sind sie jedoch allemal. Ich denke viel nach über meine Trading-Aktivitäten. Ich blicke zurück und analysiere meine Vorgehensweise: Warum ich eine bestimmte Entscheidung getroffen habe. Was ich mit Informationen angefangen habe, die mir zur Verfügung standen. Wie ich mit anderen Marktteilnehmern umgegangen bin. Und immer lerne ich daraus.

Für mich ist Trading ganz natürlich und instinktiv. Das läuft nicht über den Verstand. Wenn ich mit Brokern oder Dealern darüber diskutiere,

33

wie ein Geschäft ablaufen sollte, dann sehe ich hier deutliche Unterschiede.

Pauschal würde ich sagen, dass ich im Diagramm-Stil denke, in abstrakten Formen. Andere konzentrieren sich mehr aufs Detail, weniger auf das Gesamtbild. Manchmal kommt es mir vor, als könne ich das ganze Zimmer sehen, während die anderen nur durchs Schlüsselloch schauen.

Das hat sicher mit meinem mathematischen und musischen Hintergrund zu tun, denn in der Mathematik wie in der Musik geht es um Struktur und um die Fähigkeit, Strukturen zu erkennen. Nehmen Sie Algebra und deren Wege zu allgemein gültigen Lösungen, die man auf viele Aufgaben übertragen kann. Wir suchen nach Mustern, nach Symmetrie. Darauf aufbauend kann man dann Ansätze für bestimmte Situationen entwickeln. Auch in der Musik geht es um Struktur.

Viele Menschen erkennen diese Struktur nicht. Erst kürzlich hat mein Vater über eine Beethoven-Komposition gesagt: „Mein Gott, wie schön das ist. Dass jemand so etwas schaffen konnte!" In Wirklichkeit stellt Musik eine Kombination dar aus kreativen, rohen, ursprünglichen Elementen und Muster und Struktur – der Methode, die Idee musikalisch zu verwirklichen.

Ohne diese Struktur hätte die Musik keine Form. Es wäre keine Sonate oder Sinfonie. Es wäre ein Durcheinander!

> „Um eine Kunst wirklich zu beherrschen, ist mehr erforderlich als technische Kenntnisse. Man muss über die reine Technik hinauskommen, damit die Kunst zur ‚kunstlosen Kunst' wird, die aus dem Unbewussten entsteht."
>
> D. T. Suzuki, *Zen Buddhism*

Timothy McAuliffe

Mr. McAuliffe ist Mitglied des Finanzterminmarkts der Chicago Mercantile Exchange, der er seit 1982 als Parketthändler angehört.

Ich habe keine Angst, zu versagen. Nehmen wir zum Beispiel Basketball: Sicher kann ich im entscheidenden Moment daneben werfen, doch nicht, weil ich schlecht gelaunt oder unentschlossen war. Ich will den Ball haben. Ich will ihn niemand anderem überlassen. Doch dazu gehört Disziplin. Wenn es eine Eigenschaft gibt, die allen erfolgreichen Tradern gemein ist, dann Disziplin. Selbst wenn ich unbedingt den entscheidenden Wurf machen möchte, werde ich mich beherrschen, und wenn ich an dem Tag noch keinen Punkt gemacht habe, nehme ich mir eine Auszeit, um sicherzustellen, dass möglichst gut geworfen wird. Ich vergesse nie, dass das Ziel des Spiels der Sieg ist.

Mein Vater hat Football gespielt in der besten Mannschaft Amerikas, und er hat von mir erwartet, nein, verlangt, dass ich Bestleistungen bringe. Er war nicht der typische Vater. Er hat nie gesagt: „Mein Sohn ist der Größte", oder „Mein Sohn macht nie was falsch". Heute wird viel zuviel gelobt. Mein Vater hat das ganz anders gemacht. Er hat von uns Erfolge erwartet. War es uns gelungen, und der ganze Ort oder unsere Kameraden oder sonst irgendwer umjubelte uns, kam von ihm die kalte Dusche. Er wollte nicht, dass wir uns damit zufrieden gaben, die Stadtmeisterschaften zu gewinnen. Er machte uns unmissverständlich klar, dass da noch viel mehr zu erreichen sei. Es gab noch höher gesteckte Ziele, und er hat stets betont, dass man sich nicht auf seinen Lorbeeren ausruhen sollte. Wirklich exzellent sei nur der, der seinen Standard das ganze Leben verbesserte!

Trading hat mich viel gelehrt über die Vergänglichkeit des Individuums. Mit einem Wimpernschlag konnte man ausgelöscht werden. Wer einmal einen Schwarzen Montag mit der damit einhergehenden Volatilität erlebt hat, der weiß, wie verrückt die Welt ist. Man bleibt auf einer Position sitzen und ist raus aus dem Spiel, ehe man weiß, wie einem geschieht. Wie ich bereits gesagt habe, Trading ist eine Sache der Anpassungsfähigkeit. Wenn man sich in einer solchen Situation nicht umgehend anpasst, ist das das Aus. Deshalb kann man sich beim Trading auch nicht an starre, festgelegte Regeln halten. Um Erfolg zu haben, muss man sich nicht nur nach dem Markt richten, sondern auch nach einer Vielzahl verschiedener Situationen, die sich beständig verändern.

Noch etwas habe ich gelernt, was mir bereits mein Vater vermittelt hat. Es ist vom Markt bestätigt worden. Man braucht Disziplin und einen ausgeprägten Sinn für Moral, ein Ehrgefühl, wenn Sie so wollen. Das hört sich vielleicht hochtrabend an, doch man muss ehrlich sein können mit sich selbst, wenn man keine Angst vor der Wahrheit haben will. Wenn ich Krebs hätte und nicht mehr lange zu leben, würde ich auf jeden Fall darüber Bescheid wissen wollen. Sagt es mir nur! Sie können mit der Wahrheit vielleicht nicht umgehen, gut, doch ich habe jeden Tag meines Lebens mit der Wahrheit zu tun und kann es nicht ertragen, wenn sie beschönigt wird. Ich habe gelernt, die Wahrheit unter allen Umständen zu verkraften, und das ist an der Börse ein entscheidender Vorteil.

Larry Rosenberg

Mr. Rosenberg ist langjähriges Mitglied der Chicago Mercantile Exchange und war auch schon Vorsitzender ihres Vorstands. Außerdem ist er als Präsident von Lake Shore Asset Management und PMB im Futures-Kommissionsgeschäft.

Mein Vater war Schrotthändler und hat sich so auf viel riskantere Weise als ich auf dem Markt engagiert. Er hatte echte Waren, die er loswerden musste, ansonsten blieb er darauf sitzen. Risikobereitschaft in unterschiedlicher Ausprägung hat für mich daher schon immer zum Leben gehört.

Angefangen habe ich mit Scalping-Geschäften bei Mais und Roggen. Damals waren Spannen von einem Cent am Tag die große Ausnahme, beim Trading ging es um Achtel. Ich befasste mich mit Kleinaufträgen für Spread-Positionen. Das war ein hartes Brot. Ich musste mich mit anderen Arbeiten über Wasser halten. Drei Abende in der Woche und am Samstag verkaufte ich Klamotten. Nachmittags arbeitete ich als Hilfskraft an der Börse. Ich nahm alles an, um das nötige Kleingeld fürs Trading zu verdienen.

Ich glaube, all die, die sich aus meiner Generation langfristig an der Börse halten konnten, verfügen über eine ganz bestimmte Eigenschaft. Sie tun alles, um beim Trading und sonst im Leben Erfolg zu haben. Die langfristig erfolgreichen Trader sind Überlebenskünstler – das muss man sein. Man tut einfach alles, um zu überleben, und manchmal muss man eben wirklich kreativ sein. Genau das zeichnet meiner Ansicht nach den Überlebenskünstler aus. Wer nicht zäh genug ist, der bleibt auf der Strecke. Gehen Sie nach Börsenschluss in die Bars: Wer zum Scheitern verurteilt ist, sucht hier sein Heil im Alkohol.

Was die emotionale Seite angeht, so hatte ich sie immer gut unter Kontrolle. Ich habe nie etwas an meiner Familie ausgelassen. Ich war vielleicht unzufrieden, doch die Schuld dafür habe ich nie bei anderen gesucht. Wissen Sie, es ist nie der Markt schuld, oder der Computer, oder die Clearing-Stelle. Wenn etwas schief geht, ist es Ihre Schuld. Wenn man schlussendlich Erfolg haben will, muss man das verinnerlicht haben – nicht einmal in einem Buch gelesen, sondern jeden Trading-Tag gelebt.

„Wer es den Kritikern recht machen will, darf nicht zu laut und nicht zu leise spielen, nicht zu schnell und nicht zu langsam."

Arturo Toscanini, zu Vladimir Horowitz

Toby Crabel

Mr. Crabel ist seit vielen Jahren Trader und Marktanalyst. Er war Parketthändler und hat einen Informationsbrief veröffentlicht, der viel Beachtung fand im Lager der Börsenprofis. Gegenwärtig verwaltet Toby Crabel als Commodity Trading Advisor mehr als $100 Millionen.

37

Es ist ein langer, schwieriger Prozess. Es gab Zeiten, da habe ich mehr Geld verdient, als ich je für möglich gehalten hätte. Es fiel mir förmlich in den Schoß. Und dann gab es Zeiten, da war ich so aufgeregt, dass ich nachts keinen Schlaf fand. Wenn ich Geld verlor, war ich entsetzlich deprimiert. Es ging nichts spurlos an mir vorüber. Ob ich gewann oder verlor, ich war stets in Aufruhr.

Anfang 1987 sank mein Kontostand über vier Monate hinweg – ein echter Rückschlag. Damals dachte ich daran, das Trading an den Nagel zu hängen. Ich brauchte ein Jahr, um meine Verluste wieder auszugleichen. Damals schrieb ich mein Buch *Day Trading with Short-Term Price Patterns and Opening Range Breakout*. Es war der ideale Zeitpunkt, um über mich nachzudenken.

Ich erkannte, dass ich am Trading besonders die intellektuelle Herausforderung schätzte. Mir wurde klar, dass ich nie damit aufhören könnte. Ich wollte daran teilhaben und wusste, dass ich es konnte. Also reorganisierte ich mich, kehrte nach Chicago zurück und begann, einen Börsenbrief für Parketthändler zu schreiben. 1990 geriet ich wieder in eine Verlustphase, und da kam er dann, der Moment der Wahrheit.

1987 hatte ich mich noch damit befasst, ein Programm zu entwickeln, mit dem man als Profi-Trader langfristig im Geschäft bleiben konnte. 1990 erkannte ich, dass die Volatilität drastisch gesenkt werden müsste, damit ich die Risiken kontrollieren könnte. 1992 hatte ich alle Mechanismen beieinander. Leider arbeiteten sie noch nicht so systematisch wie heute, doch der Denkprozess war in Gang gekommen.

In Wirklichkeit lag der Schlüssel aber in der vollständigen Abkehr vom Trading aus dem Bauch heraus – hin zu dem Punkt, wo ich heute stehe. Mein Ansatz ist rein systematisch. Es war schwer, das eigene Ermessen komplett auszuklammern.

Erst 1995 war ich mit meinem Ansatz einigermaßen zufrieden und traute ihm mehr zu als meinem Urteil. Er war die Basis für ein systematisches Vorgehen zur Ausmerzung der Volatilität: der emotionalen Volatilität und der Schwankungen beim Trading-Erfolg.

„Von Stieren zu sprechen ist etwas ganz anderes, als in der Arena zu stehen."

Spanisches Sprichwort

Marshall Stein

Mr. Stein ist Senior Vice President von Rand Financial Services und Vorstandsmitglied der Chicago Mercantile Exchange. Er ist unabhängier Trader und war früher Mitglied des Chicago Board of Trade.

Zweifelsohne habe ich durchs Trading viel über meine persönlichen Stärken und Schwächen erfahren. Mir wurde vor Augen geführt, wie ich unter Stress reagiere.

Das Trading hat es mir ermöglicht, meinen Alltag mit einer gehörigen Portion Mut anzugehen. Es hat mir gezeigt, dass ich an meinen Aufgaben wachse und, wenn Sie so wollen, Tapferkeit vor dem Feind zeige.

Nicht, dass ich mir dauernd selbst auf die Schulter klopfe, doch es ist ein angenehmes Gefühl, zu wissen, dass ich den Schneid besitze, mich auch dann noch zu engagieren, wenn ich eigentlich schreiend davonlaufen müsste. Ich verfüge über die nötige Charakterstärke – sowohl zum Durchhalten als auch zum Aussteigen.

Manchmal ist es vielleicht die Analyse, oder die Arbeiten, die man vorbereitend erledigt hat. Es ist die Quintessenz Ihres Denkens, die Sie in Handlung umsetzen.

Was mich von anderen unterscheidet, ist wohl, dass ich so ziemlich alles ausprobiert habe, was in unserer Branche möglich ist, und immer noch Ausschau halte nach neuen Herausforderungen.

„Eines der besonderen Merkmale, das uns in der Praxis des Bogenschießens auffällt, ja, bei allen Kunstformen, wie sie in Japan und wohl auch anderen fernöstlichen Ländern erlernt werden, ist, dass sie nicht nur nutzbringenden Zwecken dienen oder dem rein ästhetischen Vergnügen, sondern dass sie den Geist trainieren sollen. Und zwar so, dass er Berührung bekommt mit der ultimativen Realität. Beim Bogenschießen geht es daher nicht ausschließlich darum, das Ziel zu treffen, so wie der Schwertkämpfer das Schwert nicht nur schwingt, um seinen Gegner zu besiegen; so wie der Tänzer nicht nur tanzt, um bestimmte rhythmische Körperbewegungen zu vollführen. Erst muss der Geist eingestellt werden auf das Unbewusste."

Eugen Herrigel,
Zen in the Art of Archery

Robin Mesch

Ms. Mesch ist technische Chefanalystin für Renten bei Thomson Research, einem der größten Lieferanten der Welt für Informationen über den Eigenhandel. Robin Mesch schreibt Trading Prophets – CBT Bonds, *einen Börsenbrief, der Trading-Strategien und Analysen für festverzinsliche Wertpapiere zum 30-Jahres-Treasury Bond veröffentlicht.*

Jeder macht einmal eine Phase durch, in der er sich für unbesiegbar hält. Man redet sich ein, man wüsste genau, wie sich der Markt als Nächstes verhalten wird. Leider denkt man auch noch, wenn ich ohnehin nicht verlieren kann, sollte ich vielleicht pyramidisieren, wenn sich der Markt gegen mich wendet. So sicher ist man sich. Doch man braucht diese Fehlentscheidungen, um zu lernen, wie man ein disziplinierter Trader wird – was im Endeffekt bedeutet, dass man immer alles unter Kontrolle hat. Wer Augen und Ohren offen hält, lernt aus seinen Fehlern.

„Die Fülle neuen Wissens ist noch formlos, unvollständig, ohne die notwendigen Verknüpfungen, mit irreführenden Signalen an jeder Abzweigung, voller Sackgassen. Es wimmelt nur so von faszinierenden Ideen, zahllosen reizvollen Experimenten, einer Vielzahl von neuen Lösungen für einen ganzen Komplex von Problemen. Doch niemand weiß, was als Nächstes passiert, welche Folgen zu erwarten sind.... Ich weiß nicht, wie man eine solche Aktivität übersichtlich darstellen kann, doch vielleicht findet sich ein Weg, wenn man die ungeordneten Aufzeichnungen der letzten hundert Jahre untersucht. Es muss irgendwie eine Atmosphäre geschaffen werden, in der das beunruhigende Gefühl, sich geirrt zu haben, für den Forschenden zur Normalität wird. Jedem muss klar sein, dass hier nur ein Weg hinein führt, nämlich der über die unbelastete menschliche Phantasie; nur sie verfügt über die besondere Energie, die erforderlich ist, um zu begreifen, dass etwas höchst unwahrscheinlich, ja, nahezu unmöglich sein kann, und gleichzeitig doch wahr."

Lewis Thomas, *The Lives of a Cell*

Tom Shanks

Mr. Shanks ist Präsident und CEO (Vorstandsvorsitzender) von Hawksbill Capital Management, einer Commodity Trading Advisor-Fima. Er gehörte seinerzeit zu den „Turtles", einer Gruppe handverlesener Trader, deren Mentor Richard Dennis war.

Ich denke, jeder, dessen Spekulationskonto Verluste aufweist, macht sich Gedanken, ob er auf dem richtigen Weg ist und seine Systeme noch taugen. Er arbeitet also hart an sich. Ich beziehe aus solchen Negativerfahrungen eine ungeheure Motivation, mich wieder aufzurappeln. Es ist eine Beruhigung, wenn man rückblickend analysiert

41

und feststellt, dass Verluste eben vorkommen. Man sagt sich schließlich, dass auch diese Phase vorübergehen wird. Das ist schwer zu verkraften – für den Kunden und auch psychisch, doch es gehört dazu. Man muss dann auf sich achten, dafür sorgen, dass man genug Ruhe und genug Bewegung hat und dergleichen. Stellen Sie sicher, dass Sie sich Ihrer Aufgabe mit der nötigen Energie widmen. Es gehört also sehr viel persönliche Organisation dazu.

Beim Trading kann man sich nichts vormachen. Man muss mit seinem wahren Ich umgehen können und geradestehen für seine Fehler, die sich auf dem Markt deutlich bemerkbar machen. Man muss sich seinen Ängsten stellen und sie überwinden. Man muss sein Ego von Vornherein im Griff haben.

Aus jeder Erfahrung lernt man. Alles, was wir im Leben unternehmen, kann im Ernstfall mit Schmerzen verbunden sein. Trading bildet da sicher keine Ausnahme. Meiner Erfahrung nach zahlen sich aber Geduld und Fleiß immer aus. Der Gewinn wird nicht ausbleiben, wenn Sie nur das Richtige tun und dabei bleiben. Das ist das A und O!

Arlene Busch

Ms. Busch leitet eine der erfolgreichsten Eigenhandelsgruppen der Welt für Refco, Inc. Davor war sie Leiterin der Abteilung für Trading und Risikomanagement bei Cresvale International Management. Neun Jahre lang war sie Brokerin auf eigenes Risiko an der Chicago Board Options Exchange.

Eine der Eigenschaften, auf die ich stolz bin, ist, dass ich mir auf meine geschäftlichen Erfolge nichts einbilde. Wer beim Trading ein überdimensionales Ego entwickelt, manövriert sich ins Aus. Auf diese Weise kann man alles verlieren, was man je gewonnen hat. Wenn mir in meiner Abteilung ein solcher Trader unterkommt, sehe ich zu, dass ich ihn loswerde. Mir ist egal, wie viel Gewinn er macht. Wenn man einen Trader beobachtet, erkennt man, wie er vorgeht. Und ein solcher Trader klammert sich an seine Positionen. Er meint, er habe Recht, und nicht der Markt! Doch der Markt liegt niemals falsch, er hat immer Recht.

So einen Trader kann man aber auch an anderen Dingen erkennen: an seinen Gewohnheiten und seinen Besitztümern. Er fährt gern Ferrari. Er trägt eine goldene Rolex. Er wohnt in einem extravaganten Haus. Er fliegt mit der Concorde. Mit einem Trader, der so lebt, kann ich nichts anfangen. Ich bevorzuge Trader, die den Markt respektieren und ihr Ego unter Kontrolle haben.

Bryan Gindoff

Mr. Gindoff ist Drehbuchautor und im kalifornischen Los Angeles ansässig. Davor war er Präsident von Del Rey Investment Management.

Wie in Hollywood ist man auch an der Wall Street auf der Suche nach einer starken Story, die so gut ist, dass sie auch Erfolg hat, wenn sie nur mittelmäßig umgesetzt wird. Wird sie dann noch gekonnt umgesetzt, hat man das große Los gezogen. Die beste Story der letzten fünf Jahre etwa haben Computer Network-Aktien geliefert. Wer sich vor fünf Jahren die Welt angesehen und gesagt hätte: „Mensch, all die vielen Computer da draußen müssen doch irgendwie miteinander verbunden werden, damit sie kommunizieren können", nun, der hätte seine große Story gefunden.

Wer sich also beim Aktienkauf auf den Networking-Sektor konzentriert hat, hatte im Vergleich zu anderen Werten ungleich bessere Aussichten auf eine weit überdurchschnittliche Rendite. Es war durchaus möglich, nur mit einer Auswahl an Networking-Aktien guten Erfolg zu erzielen, denn der Markt erkannte den Wert der Idee, und die miesen bis mittelprächtigen Unternehmen bewegten sich im Sog der erstklassigen mit nach oben. Das kann man an der Börse immer wieder beobachten.

Wer noch einen Schritt weiter gegangen ist und die Marktführer ermittelt hat – Cisco, Cabletron oder 3Com etwa, der konnte den ganz großen Wurf landen. Das waren nämlich die Unternehmen, die nicht nur eine gute Story zu bieten hatten, sondern auch intelligente Dialoge und eine Traumbesetzung.

43

Ich denke, in der Filmbranche und an der Börse wird auf ganz ähnliche Weise Gewinn gemacht. Filmstudios verdienen das große Geld an Kassenschlagern, die man ihrer tragenden Funktion wegen oft als Säulen des Filmgeschäfts bezeichnet. Wer mit seinem Portfolio wirklich gute Erträge erzielen will, der braucht ein paar solche „Säulen" – Kerninvestitionen, in die man mehr Geld steckt, weil man ein Unternehmen oder mehrere gefunden hat, die über eine gute Story verfügen und diese hoffentlich auch gekonnt umsetzen. In beiden Branchen winkt immer dann besonders viel Profit, wenn die Story besonders gut ist...

Ich habe beim Trading viel über mich selbst erfahren. Wenn man sich rückhaltlos öffnet, ist diese Tätigkeit meiner Erfahrung nach tatsächlich so etwas wie eine tägliche psychotherapeutische Sitzung. Man bekommt Gelegenheit, zu erkennen, wie man wirklich ist.

Wer Erfolg haben will, der wird vom Markt gezwungen, vollkommen ehrlich mit sich zu sein. Wenn man Geld verliert, wird man zwangsläufig mit der Realität konfrontiert. Es ist eine objektive Realität, sie ist da, und man muss sie akzeptieren. Für mich läuft das darauf hinaus, dass der Markt alle aussondert, die sich selbst etwas vormachen. Trading ist wohl nicht nur ein faszinierender Broterwerb, sondern eine der besten Möglichkeiten überhaupt zur Selbsterfahrung. Jeden Tag aufs Neue wird man mit seinen ureigenen Emotionen konfrontiert.

„Statt meine Energie fürs Schmollen zu verschwenden, habe ich einfach einen Blues geschrieben."

Duke Ellington

Tom Grossman

Mr. Grossman ist Präsident von SAC International Equities, LLC. Früher war er einer der führenden Trading-Strategen für ausländische Werte bei Kingdon Capital Management.

An der High School habe ich Football und Lacrosse gespielt. Und ich bin geschwommen. Am College habe ich mich dann ganz auf Football konzentriert. Ich denke, das kämpferische Element, die für sportliche Erfolge erforderliche Disziplin findet sich in vielen Berufen wieder, doch ganz besonders beim Trading....

Ich war noch nicht sehr lange bei Kingdon, als sich der japanische Aktienmarkt ausgesprochen schwach präsentierte. Der Nikkei hatte die 15 000-Marke unterschritten, und die ganze Welt zeigte sich pessimistisch. Ich gelangte zunächst rein intuitiv und dann auch auf dogmatischerer bzw. quantitativer Grundlage zu dem Schluss, dass der Markt bald in Fahrt kommen würde, und schuf in einem angespannten, schwer zu bearbeitenden Markt die Voraussetzungen für eine Long-Position. So erwischte ich den Boden der Bewegung und konnte einen ausgesprochen erfolgreichen Trade verbuchen. Ich denke, daran wird deutlich, wie sehr ich mich auf meine Intuition und meine Anlagestrategie verlasse. Die eigenen Überzeugungen müssen so stark sein, dass man den Mut aufbringt, gegen den Trend nach seiner eigenen Intuition zu agieren....

Es ist wichtig, Chancen wahrzunehmen. Besonders günstig stehen die Chancen, wenn man nicht in einem rückläufigen Markt auf seiner Position sitzen bleibt, denn dann ist man frei von den negativen Emotionen, mit denen alle anderen zu kämpfen haben. Man muss förmlich einsteigen, weil man es sich schuldig ist. Ich sage mir dann, hier sind Trader in Not, verlieren ihre Autos und ihre Häuser, was immer, und doch ist es Zeit zum Einsteigen. Ich muss etwas unternehmen. Man riecht förmlich die bitteren Verluste der anderen. Man muss eine Art Radar entwickeln für diese Dinge, um seine Chancen nutzen zu können. Das macht ja den eigentlichen Reiz dieses Spiels aus....

Ich suche aktiv nach Gelegenheiten, für die sich kein anderer interessiert. Und ich habe das nötige Vertrauen, solche Trades durchzuziehen, sie auszuprobieren, wohl wissend, dass ich oft genug falsch liege. Dabei bin ich aber überzeugt, dass ich unterm Strich um Längen besser abschneiden werde.

Es kommt häufig vor, dass ich aufwendige theoretische und strategische Vorarbeiten betreibe und der betreffende Trade dann nichts bringt. Man muss schon sehr viel Freude daran haben, den richtigen Einstieg zu finden und zu wagen, wenn er sich eine Minute, einen Tag oder einen Monat lang bietet, um sich mit all den Blindgängern abzufinden. Solange ich diese Freude empfinde, muss ich einfach glauben, dass ich der Masse voraus bin. Ich weiß und habe es oft genug erlebt, dass günstige Gelegenheiten kommen und verstreichen, weil sich Informationen schnell verbreitet haben. Meine Maxime ist, immer unter den Ersten zu sein. Ich habe keine Angst, eine solche Chance zu erkennen und sie auch beim Schopf zu packen!

> „Wer nicht weiß, wo er hingeht, der muss sehr vorsichtig sein, denn er kommt vielleicht nicht an."

> Yogi Berra

Angelo Reynolds

Mr. Reynolds ist Mitglied des Finanzterminmarkts der Chicago Mercantile Exchange, wo er sich auf eigene Rechnung engagiert. Er hat sich auf Eurodollar-Kontrakte spezialisiert.

Vor langer Zeit habe ich bereits beim Sport erkannt, dass ein himmelweiter Unterschied besteht zwischen Denken und Handeln. Ich hatte Angst. Ich denke, das war nur natürlich. Immerhin wagte ich mich an die besten Trader der Welt heran! Doch ich habe nie daran gezweifelt, dass ich Erfolg haben würde – wie ich in allen anderen Dingen stets erfolgreich war. Mein erster Trade bestand in einer Kauforder über zehn Kontrakte. Der Markt bewegte sich unverzüglich in meine Richtung, und ich machte $250 Gewinn. Es war ein unglaubliches Gefühl!

Ich war in Hochstimmung, sah aber erst gegen Ende der Sitzung wieder eine Gelegenheit zum Einstieg. Und was für eine! Ich erkannte eine äußerst viel versprechende Chance, und war entschlossen, sie zu nutzen. Also kaufte ich 100 Kontrakte, und wieder lag ich richtig! Am Ende des Tages hatte ich $5000 verdient. Ich kam nach Hause, wo mich meine Frau an der Tür begrüßte. Ich sagte nur: „Schatz, wir werden reich!"

Selten habe ich mich in meinem Leben besser gefühlt. Es war, als hätte ich eine Prüfung mit Bravour bestanden. Man weiß erst dann genau, wie jemand in Stresssituationen reagiert, wenn man ihn unter Druck erlebt hat. Auf dem Parkett habe ich gesehen, wie Harvard-Absolventen sang- und klanglos untergegangen sind, während andere ohne jegliche Vorbildung Spitzenleistungen brachten. Auf manche haben die Pits eine lähmende Wirkung, andere können nicht umgehen mit der Ungewissheit....

Insbesondere ein Trader gab sich besonders bedrohlich. Ich habe zu ihm gesagt: „Hör mal, die anderen beeindruckst du damit vielleicht. Mich nicht!" Der Kerl war angeblich besonders qualifiziert, hatte so eine Art schwarzen Gürtel, wie man ihn in Kampfsportarten bekommt, und alle hatten Respekt vor ihm. Wenn er das Parkett betrat, übte er sich im Schattenboxen, um so seine Karatekünste und seinen Kampfgeist zur Schau zu stellen. Er galt als harter Bursche und war außerdem besonders erfolgreich. Das schüchterte die Menschen um ihn herum einfach ein. Er handelte mit 500 oder 1000 Kontrakten, ohne mit der Wimper zu zucken, sprang rücksichtslos mit den anderen Brokern um, und alle ließen es sich gefallen. Etwa einen Monat nach meinem Einstand in den Pits kaufte ich 300 Kontrakte auf einmal von einem der Broker, während der bewusste Trader eine große Short-Position eingegangen war. Er war ganz offensichtlich unzufrieden und fing an, mich zu beschimpfen. Da habe ich ihm sofort mit Nachdruck klargemacht, dass er mich mit seinem Imponiergehabe nicht beeindrucken konnte. Ich sagte: „He, zwischen uns ist nur ein bisschen Luft. Wenn du was von mir willst, dann komm her und hol es dir." Ich komme aus dem Westteil Philadelphias. Glauben Sie mir, da gab es genug harte Burschen.

Ich denke, mit Ängsten hat jeder zu kämpfen, auch die größten Sportler. Ich habe einmal ein Interview mit Mike Tyson gesehen. Er hat darin von einem Kampf erzählt, den er als Teenager ausgetragen hatte. Vor dem Kampf war er wie versteinert, hatte die Hosen gründlich voll. Doch als er im Ring stand, schlug er seinen Gegner in 17 Sekunden k. o.! Sein Manager hatte ihm einen Rat gegeben, der meiner Erfahrung nach richtig und ausgesprochen nützlich ist. Er lautet ganz einfach: Angst hat jeder. Der Umgang mit dieser Angst ist es, der den Feigling vom Helden unterscheidet. Ich würde lieber den ganz großen Wurf vermasseln, als mir sagen zu müssen, dass ich nicht den Mut hatte, voll „da zu sein" – ob beim Trading oder in anderen Dingen des Lebens.

„Die beste Politik ist Ehrlichkeit, das beste Gemüse ist Spinat."

Popeye

„Auf einer Fahrt mit dem Motorrad sieht man die Dinge mit ganz anderen Augen. Im Auto sitzt man in einem geschlossenen Raum, und weil man es so gewöhnt ist, merkt man nicht, dass man die Dinge durchs Autofenster ähnlich wahrnimmt wie beim Fernsehen. Man ist passiver Beobachter, alles zieht monoton in einem Rahmen vorbei. Auf einem Motorrad fehlt dieser Rahmen. Man hat direkten Kontakt mit allem. Man ist Teil der Szenerie, nicht mehr nur Beobachter, und das Gefühl der Präsenz ist überwältigend ... die Erfahrung spielt sich vollständig auf der Ebene des unmittelbaren Bewusstseins ab."

Robert M. Pirsig,
Zen and the Art of Motorcycle Maintenance

Die Top-Trader sind unterwegs auf selbst gebauten Motorrädern, aktiv im Einsatz, mit einem Gefühl der Präsenz, das mehr als überwältigend ist. Sie agieren im Jetzt und Hier, voll konzentriert auf das aktuelle Geschehen, wie Jazzmusiker, die sich in einem improvisierten Takt aufeinander zu und voneinander weg bewegen. Einer ist wie Dizzy Gillespie: extravertiert, gesellig und gleichzeitig nachdenklich und lyrisch. Ein anderer erinnert an das schnörkellose Klavierspiel eines John Lewis: intellektuell und makellos. Wieder ein anderer imitiert die atemberaubenden Läufe eines Art Tatum. Jeder von ihnen hat Erfolg, weil er auf seinen kreativen Geist hört, originell, authentisch und kompromisslos ehrlich ist. Für sie alle ist das Tao des Tradings aktiv und lebendig.

Es ist wie eine nicht enden wollende, immer wieder neue Folge von Tönen, wie Haar, das im Wind weht – voller lebendiger Strukturen und Linien, immer da, fremd, mysteriös, verführerisch und unbekannt.

Teil II

– Die Seele des Samurai –

Die Schwert-Meisterschaft

„Der Samurai-Krieger verachtete das Leben der Höflinge als verweichlicht und schwach; von ihm wurde Derbheit, Direktheit und vor allem „Tatkraft" verlangt. Das Leben eines Bushi unterlag einer strengen Disziplin."

John Hall,
Japan: From Prehistory to Modern Times

Die in der Trading-Arena erforderliche Disziplin ist der auf den Schlachtfeldern der japanischen Feudalherren geübten sehr ähnlich. Im Kampfgetümmel konnte der Samurai nicht erst lange darüber nachdenken, wie ein Angriff korrekt auszuführen, wie das Schwert zu schwingen war. Er musste die Technik in- und auswendig beherrschen, um sich ganz darauf konzentrieren zu können, sich als siegreich „zu erweisen". Wenn es zu handeln galt, und er wusste nicht automatisch wie, oder zögerte auch nur den Bruchteil einer Sekunde, war der Kampf für ihn vorbei. Genauso muss auch ein Trader, wenn er Erfolg haben will, überlegt, diszipliniert und geübt ans Werk gehen.

Betrachten Sie einmal folgende Beschreibung des Samurai-Kriegers (Suzuki, *Zen and Japanese Culture*):

Der vollkommene Schwertfechter sieht weder den Gegner noch sich selbst als Person. Er ist ein unbeteiligter Beobachter des Dramas um Leben und Tod, in dem er selbst eine tragende Rolle spielt. Trotz der Betroffenheit, die er empfindet oder empfinden sollte, steht er über sich, entwickelt ein dualistisches Verständnis von der Situation, ist dabei jedoch nicht vergeistigt und mystisch, sondern mitten im Kampfgeschehen.

53

T. Suzuki zieht eine ähnliche Parallele in dem makabren Vergleich des Kampfes um Leben und Tod mit einer ganz profanen Aktivität.

Der Schwertfechter soll seinen Mut nicht zur Schau stellen, noch soll er Angst empfinden. Er wird sich auch kaum der Gegenwart des Feindes bewusst sein, noch seiner eigenen Gegnerschaft. Er wird sich verhalten, als widme er sich etwas ganz Alltäglichem – seinem Frühstück etwa. Der Schwertfechter muss mit seinem Schwert so beiläufig umgehen wie mit den Stäbchen, mit denen er das Essen zum Munde führt.

Dem Trader dagegen ist der Gedanke nicht fremd, seinen Gegenspieler zu vernichten. Trader beschreiben den „Geschmack" von Trades in einem bunten Wortreigen, der von bitter bis süß reicht. Wenn etwas schief läuft, sprechen sie davon, dass man vom Markt „verschlungen" werde. Eine der gängigsten Floskeln auf dem Parkett der Börsen von Chicago, die erläutern soll, wie wichtig es ist, kleine Verluste mitzunehmen und Gewinne laufen zu lassen, ist: „Man kann nicht essen wie ein Spatz und scheißen wie ein Elefant!" Ich habe schon gehört, wie Trader das Bearbeiten eines unruhigen Marktes verglichen haben mit dem „Kauen" von Rasierklingen. Doch ich will nicht abschweifen: Der Samurai agierte in einem ausgesprochen physischen, gefährlichen Umfeld. Sein Sinn für Wahrheit in Bezug auf die Vervollkommnung seiner Kunst war lebenserhaltend. Seine Disziplin war einfach, schlicht und natürlich. Er lebte spartanisch, nicht aufgrund der Wahrheit einer Doktrin, aufgrund seiner Kultur oder aufgrund exklusiver Erkenntnisse, sondern aufgrund des unbewussten, nicht intellektuellen, kreativen, reagiblen Tatendrangs des Kriegers.

Meiner Ansicht nach ist das Schwierigste am Trading, die starre intellektuelle Kontrolle der linken Hirnhälfte überwinden zu lernen, die bestehende Verhaltensmuster einschleift und das Bedürfnis nach logischer Konsequenz begründet, und die intuitive, rechte Hirnhälfte zu emanzipieren, den Schlüssel zur Veränderung tief verwurzelter Denkschemata und Gewohnheiten.

Merkmale der rechten und linken Hirnhälfte

linke Hirnhälfte	rechte Hirnhälfte
analytisch	phantasievoll
objektiv	subjektiv
deduktiv	induktiv
zeitbezogen	zeitlos
wissenschaftlich	künstlerisch
bewusst	unbewusst
logisch	intuitiv
rational	emotional
intellektuell	metaphorisch
verbal	innerlich
realistisch	

Die rechte Hirnhälfte dient als Verrechnungsstelle unserer intuitiven und kreativen Geisteskraft. Als Trader stehen wir vor dem Problem, dass alle intuitiven, kreativen Eingebungen, jedes „Aufblitzen" des Unbewussten umgehend von der linken Hirnhälfte interpretiert, selektiert und analysiert wird. Wir wissen, welcher Teil des Gehirns diese Aufgaben erfüllt. Er heißt *Corpus callosum*.

Wir dürfen darüber nicht vergessen, dass die linke Hirnhälfte uns unschätzbare Dienste leistet. Ohne sie würden wir nicht „funktionieren" angesichts der Fülle von Informationen, die in jedem Augenblick auf uns einstürmt. Hier ist die linke Hirnhälfte unersetzlich, denn sie bestimmt zu jeder Zeit, was für uns wichtig ist. In *Your Maximum Mind* bringt Herbert Benson die Sache auf den Punkt:

...leider ist die linke Hirnhälfte in ihrer Funktion so wichtig, dass sie die Rolle der rechten Hirnhälfte traditionell in den Schatten stellte. Die rechte Hemisphäre ist jedoch der Schlüssel zur Plastizität unseres Geistes, zu unserem Vermögen, eingefahrene Denkmuster und Gewohnheiten zu verändern... die linke Hirnhälfte mit ihren großartigen analytischen Fähigkeiten und ihrer Überzeugungskraft kann man sich vorstellen als eine Art „Miniatur-Diktator", der die rechte Seite kommandiert. Viele unserer intuitiven und kreativen Funktionen sowie ein Großteil der Informationen, die wir brauchen, um unser Leben zum Besseren zu verändern, werden de facto von unserer rationalen, linken Hirnhälfte unterdrückt. Man könnte sagen, wir sind die Gefangenen der linken Hemisphäre unseres Gehirns.

Trader müssen auf Informationen intuitiv schnell und präzise reagieren, um dem Markt erfolgreich zu kontern. Für viele von uns ist die Veränderung bestehender Trading-Gewohnheiten, Denkmuster und Verhaltensweisen nach wie vor die größte Herausforderung. Und es genügt nicht, sich dessen nur bewusst zu sein! Was wir brauchen, ist eine innerliche Bewusstseinsrevolution, die es uns ermöglicht, ungehindert aus dem Unbewussten heraus zu handeln. Wie Benson formuliert: „Wir müssen die Hegemonie der linken Hirnhälfte überwinden und die rechte befreien, damit sie im Denkprozess ihre volle Wirkung entfalten kann. Auf diese Weise kann es uns gelingen, die Tür aufzustoßen zu positiver Veränderung und Weiterentwicklung in unserem Leben."
Ein Überdenken und Analysieren der Situation im entscheidenden Moment, in dem unverzüglich gehandelt werden muss, ist dem Trader genauso abträglich wie dem Samurai: Das Timing stimmt nicht mehr, die Niederlage ist programmiert. Der Schlüssel zum Erfolg ist Aktion – ohne Gedanken, Erwägungen, Erinnerungen oder sonstige innerliche Störfaktoren. Das gilt für den Sieg in einer Schlacht ebenso wie für den Profit beim Trading. Das Unbewusste muss die gesamte Wahrnehmung beherrschen (also Intuition und Phantasie), so dass wir geleitet werden von der Kraft unwiderstehlicher Instinkte, die uns befreit vom Ballast bewussten Wissens. Das ist es, was unter Yagyus Schwert des Mysteriums zu verstehen ist (Suzuki, *Zen and Japanese Culture*).

Wie lange er auch üben mag, der Schwertfechter kann sein technisches Können nie perfektionieren, wenn nicht alle psychologischen Hindernisse beseitigt sind und sich sein Geist in einem Zustand der Leere befindet, frei sogar von jeder Technik, die er sich erworben hat. Erst dann kann der Körper in seiner Gesamtheit mit seinen vier Gliedmaßen die durch jahrelange Übung erworbene Kunst richtig entfalten. Sie bewegen sich dann wie automatisch, ohne bewusste Anstrengung des Schwertfechters. Seine Bewegungen werden zum vollkommenen Beispiel spielerischen Schwertkampfes. Das Können ist da, doch der Geist ist sich dessen gänzlich unbewusst.

Suzuki meint hier sicher nicht die blinde Verherrlichung animalischer Regungen, eine Philosophie, die bis ins Letzte „aus dem Bauch heraus" entsteht. Der Samurai war angewiesen auf zuverlässig „abgerichtete" Gefühlsregungen. Sie rührten jedoch her von einem profunden, existenziellen Verständnis der Rolle des Unbewussten. Die Yagyu-Schule des Schwertfechtens lehrte, dass man erst dann ein Meister sei, wenn die Technik so in Körper und Gliedmaßen übergegangen ist, dass diese absolut unabhängig vom Bewusstsein agieren. Suzuki beschreibt das folgendermaßen:

Wenn es bei unseren Handlungen unmittelbar um Leben und Tod geht, so muss man sie sich selbst überlassen, damit der Geist ungehindert fließen und der Körper blitzschnell reagieren kann. Der Mensch muss zur Marionette seines Unbewussten werden. Das Unbewusste, Instinktive muss regieren über das Bewusstsein. (Suzuki, *Zen and Japanese Culture*).

Beachten Sie hier die Parallelen zwischen der Kunst des Samurai und der Jazzmusik. Der Samurai übt zunächst Bewegungen und Streiche, immer wieder, immer präziser, unaufhörlich, bis die Technik in Fleisch und Blut übergegangen ist. Er ist sozusagen „fest verdrahtet" durch physisches Training, Disziplin und Vorbereitung. Auch der Jazzmusiker muss seine Noten üben, bis er sie wirklich verinnerlicht hat. Durch Auswendiglernen und wiederholtes Spielen erschließt sich der Musiker das Stück intellektuell und emotional, bis er mit Nerven und Muskeln jede einzelne Nuance „erspürt". Beide durchlaufen einen Prozess, der, ausgehend von ganz bewussten, körperlichen und intellektuellen Fähigkeiten, unausweichlich zu einem unbe-

57

wussten Moment der Wahrheit führt, wenn Noten und Finger spielen und Geist und Körper eins sind: eine vollkommene, unbeschreibliche Verquickung mentaler Wahrnehmung und Konzentration mit physischer Ausführung.

> „Das Tao, über das gesprochen wird,
> ist nicht das absolute Tao;
> Die Namen, die genannt werden können,
> sind keine absoluten Namen."

> Lin Yutang, *The Widow of Lao Tse*

Und hier eine Passage aus dem Chuang-Tzu:

> „Das stille Universum birgt große Schönheit. Ohne Worte werden die vier Jahreszeiten von festen Gesetzen bestimmt. Der Weise blickt zurück auf die Schönheit des Universums und dringt ein in das Prinzip, dem alle Dinge unterliegen. Der vollkommene Mensch tut gar nichts, der große Weise handelt nicht. Der Geist des Universums ist subtil und berührt alles Leben. Alles lebt und stirbt und verändert seine Form, ohne die Wurzel zu kennen, der es entstammt. Es wird vermehrt im Überfluss; es bleibt für sich bis in alle Ewigkeit."

> Winston L. King,
> *Zen and the Way of the Sword*

> „Wir nehmen eine Hand voll Sand aus der endlosen Landschaft des Bewusstseins, die uns umgibt, und diese Hand voll Sand nennen wir Welt. Sobald wir diese Handvoll Sand haben, die Welt unseres Bewusstseins, setzt ein Prozess der Unterscheidung ein. Er

ist wie ein Messer, mit dem wir den Sand unterteilen. Dies und das. Hier und dort. Schwarz und Weiß. Jetzt und damals. Die Unterscheidung ist die Zerlegung des bewussten Universums in Teile... nicht zwei davon sind gleich... Häufchen in unterschiedlichen Farbschattierungen – Häufchen von unterschiedlicher Größe – Häufchen mit unterschiedlicher Körnung – nochmalige Unterteilung der Häufchen mit unterschiedlicher Körnung in Untergruppen – Häufchen von unterschiedlicher Transparenz – und so weiter, und so weiter. Man sollte meinen, der Prozess der Unterteilung wird irgendwann einmal ein Ende finden, doch das tut er nicht. Er geht weiter und weiter."

Robert M. Pirsig,
Zen and the Art of Motorcycle Maintenance

Wer sich als Trader, Samurai-Krieger oder Jazzmusiker voll einbringt, der braucht diese ungewöhnliche Einheit von Emotion, Intellekt und körperlicher Technik, die über jede Unterteilung hinaus zu einem harmonischen Fluss des Lebens werden muss. Schwertfechter und Schwert, Musiker und Musik, Trader und Markt.

„Kein Gedanke, keine Überlegung,
vollkommene Leere:
Und doch bewegt sich etwas darin,
folgt seinem eigenen Lauf.
Der Sieg gehört dem, der
selbst vor der Schlacht
nicht an sich selbst gedacht hat,
sondern stets in dem Nicht-Bewusstsein
des großen Ursprungs verharrt."

Laotse, *Tao Te Ching*

Das wirft eine höchst interessante und schwierige Frage auf: Wie kann der Trader die üblichen rationalen Überlegungen, die gewohnheitsmäßigen Verhaltensweisen und selbstzerstörerischen Handlungen ablegen und die rechte Hirnhälfte emanzipieren, um intelligente Trading-Methoden auf gefühlsmäßige, unbewusste, intuitive Art und Weise anzuwenden? Mit anderen Worten, wie soll der Trader die perfekte Mischung erreichen aus kreativem Bewusstsein und mechanischem Trading-Können.

Die einfache, zwingende und strenge Disziplin des Samurai-Kriegers liefert ein solides Fundament zum Aufbau einer Trading-Philosphie, wobei Raum bleiben muss für ein gewisses Maß an dichterischer Freiheit und das Bedürfnis des Jazzers nach Improvisation. Ich würde Folgendes empfehlen: Lernen Sie, welche Merkmale und Verhaltensweisen sich durch die Bank weg bei allen Top-Tradern finden und fragen Sie sich dann, ob Sie Ihrer Ansicht nach über dieselben Eigenschaften und Überzeugungen verfügen. Sehen Sie sich als Spitzen-Trader?

Persönliche Merkmale von Top-Tradern

zuversichtlich	hart arbeitend
diszipliniert	leistungsorientiert
selbstsicher	tatkräftig
motiviert	objektiv
kompetent	aktiv
selbst-bewusst	organisiert
optimistisch	zielstrebig
intuitiv	selbstgenügsam
ehrlich	gut informiert
strategisch	offen
geduldig	entschlossen
mit Freude beim Trading	ehrgeizig
risikobewusst	engagiert
konzentriert	stresserprobt
unabhängig	mechanisch
risikofreudig	

Gemeinsamkeiten im Verhalten von Top-Tradern

- Sie kennen ihre Motive fürs Trading.
- Sie entwickeln Trading-Strategien, die funktionieren, weil sie ihrer Persönlichkeit entsprechen.
- Sie haben Freude am Trading, empfinden es nicht als mühevoll.
- Sie arbeiten hart an der Weiterentwicklung ihrer Fähigkeiten und ihres Profils.
- Sie haben absolutes Vertrauen zu sich und ihrer Vorgehensweise beim Trading.
- Sie verfügen über eine positive Geisteshaltung beim Trading, die es ihnen ermöglicht, automatisch flexibel zu reagieren und immer zu wissen, welcher Schritt auf welchem Markt nun als nächster folgen sollte.
- Sie haben einen Sinn für Geldmanagement und Risikosteuerung und würden nie für einen Trade alles aufs Spiel setzen.
- Sie verfügen über eine erfolgreiche Strategie und über die nötige Disziplin, diese auch umzusetzen.
- Sie sind ihrem Wesen nach unabhängig und halten sich selbst für verantwortlich für alle Trading-Entscheidungen.
- Sie kennen den Unterschied zwischen Verlust und Verlieren.
- Sie wissen, wie wichtig es ist, in schwierigen Zeiten zu handeln und dabei begrenzte Risiken in Kauf zu nehmen.
- Sie kennen die Triebkräfte der Märkte und den Unterschied zwischen Hoffnung und Angst.
- Es geht ihnen beim Trading nie darum, anderen zu imponieren.

Wichtig ist dabei, dass Sie diese Eigenschaften und Verhaltensweisen wirklich an sich entdecken, denn Trading erfordert ein unglaubliches Maß an Einsatz, Engagement und Disziplin. Wenn Sie sich diesen Schuh nicht anziehen können, wird der Weg für Sie steinig. Wie schon der französische Schriftsteller Antoine de Saint-Exupéry bemerkte: „Das Wesentliche ist fürs Auge unsichtbar." Fürs Trading trifft das ganz besonders zu, denn hier bestimmen in erster Linie subjektive Überzeugungen und innerliche Disziplin über Erfolg oder Niederlage. In *Leo Melamed on the Market* schreibt Melamed:

61

Welcher Typ Sie sind – wie Sie unter Druck reagieren, ob Sie schnelle Entscheidungen treffen, logisch denken können, Ihre Charakterstärke, der emotionale Anteil Ihrer Persönlichkeit, Ihre Philosophie im Umgang mit Geld – das alles bestimmt, wie es um Ihre Erfolgschancen beim Trading bestellt ist. Mehr als bei anderen Unternehmungen ist beim Trading Ihre psychologische Beschaffenheit von Bedeutung. Doch leider entziehen sich solche Merkmale gewöhnlich dem Blick. Baseball-Star Honus Wagner hat dazu treffend bemerkt: „Es gehört nicht viel dazu, ein guter Spieler zu sein, wenn man ein guter Spieler ist."

Das A und O für jeden Trader

I. Eignen Sie sich eine bewährte Trading-Methode an

Erlernen Sie eine Methode, die Ihrer Persönlichkeit entspricht, Gewinn bringt und konsequent ist, und beherzigen Sie den guten Rat Einsteins: „Alles sollte so einfach wie möglich gehalten werden – aber nicht einfacher." Es gibt einen einfachen Grund dafür, alles so einfach wie möglich zu halten: weil man dann handlungsfähig bleibt!

II. Lernen Sie, Verluste mitzunehmen

Zu lernen, wie man einen Verlust mitnimmt, ist für den Trader so, wie für den Samurai die Überwindung der Angst vor dem Tod. In *Zen in the Art of Archery* erzählt Eugen Herrigel die folgende Geschichte aus dem Hagakure, die aus der Mitte des 17. Jahrhunderts stammt:

Yagyu Tajima-no-kami war ein großer Schwertfechter und unterwies den damaligen Shogun Tokugawa Iyemitsu in dieser Kunst. Einer der Leibwächter des Shoguns kam eines Tages zu Takima-no-kami und bat um Fechtunterricht. Der Meister sagte: „Wie ich beobachtet habe, bist du bereits ein Meister der Fechtkunst. Doch sage mir, welcher Schule du angehörst, bevor wir Lehrer und Schüler werden."

Der Soldat sagte: „Es beschämt mich, es zuzugeben, doch ich habe die Kunst nie erlernt."

„Willst du mich zum Besten halten? Ich bin der Lehrer des ehrwürdigen Shoguns, und ich weiß, dass ich mich auf mein Urteil verlassen kann."

„Ich widerspreche Euch ungern, doch ich weiß tatsächlich nichts."

Das beharrliche Abstreiten des Besuchers stimmte den Meister nachdenklich. Endlich sagte er: „Wenn du es sagst, wird es so sein. Doch ich bin sicher, du bist Meister einer Kunst, wenn ich auch nicht sagen kann, welcher."

„Wenn Ihr darauf besteht, will ich es Euch sagen. Es gibt etwas, von dem ich sagen kann, dass ich es meisterhaft beherrsche. Als ich noch ein kleiner Junge war, kam mir der Gedanke, dass ich als Samurai unter keinen Umständen Angst vor dem Tod haben dürfe. Ich habe mich nun mehrere Jahre mit dem Tod auseinandergesetzt, und er hat für mich alle Schrecken verloren. Ist es das, was Ihr meint?"

„Genau!" rief Tajima-no-kami. „Das meine ich. Ich bin froh, dass ich mich nicht geirrt habe. Denn das wahre Geheimnis der Kunst des Schwertfechtens liegt auch in der Loslösung von der Angst vor dem Tod. Ich habe viele hundert Schüler darin unterwiesen, doch bisher verdient nicht einer den Titel des Meisters. Du brauchst keinen Unterricht in der Technik, du bist bereits ein Meister."

Für den Samurai war die Überwindung der Angst vor dem Tod mehr als nur das Reifezeugnis des Kriegers. Sie war in Wahrheit ausschlaggebend für seine Auffassung von der Realität. In *Zen and Japanese Culture* schreibt Suzuki:

> Wer sich ans Leben klammert, der stirbt, und wer ihm widersteht, der lebt. Ausschlaggebend ist der Geist. Dringen Sie ein in den Geist und halten Sie ihn fest, und Sie werden verstehen, dass da etwas in Ihnen ist, das über Geburt und Tod hinausgeht, das weder im Wasser ertrinken, noch vom Feuer verbrannt werden kann.... Wer nicht bereit ist, das Leben aufzugeben und den Tod zu umarmen, der ist kein wahrer Krieger.

Die Überwindung der Angst vor dem Tod war für den Samurai das Zeugnis dafür, dass man die Grenzen des Intellekts überschreiten kann, die all die Dualitäten verursachen, die unseren Blick aufs Leben einschränken: gut-böse, innen-außen, Mensch-Welt und Leben-Tod. Winston L. King bezeichnet diese Haltung in *Zen and the Way of the Sword* als eine Art japanischer „Unbesiegter".

Die Zen-Meditationsdisziplin diente der Stärkung jener inneren Plattform der mentalen Kontrolle, auf der er [der Samurai] in der Schlacht Halt suchte. Zu diesem Zweck wurde sie widerstandsfähig gemacht gegen alle Erschütterungen durch jede Art von Ablenkung wie rein zufällige Faktoren, Siegeswille, Hunger nach Ruhm und Reichtum, und insbesondere die Angst vor dem Tod.

In „Bushido: Mode or Ethic?" stellt Roger T. Ames fest:

> Der Entschluss zu sterben und die Kraft und Intensität dieser Verpflichtung wird beständig verstärkt durch die Meditation und so ins Zentrum der Existenz des Bushido gerückt. Er steht im Mittelpunkt der Bushi-Mentalität vom Augenblick der Entscheidung bis zum Augenblick des Vollzugs. Es ist ein Entschluss, der absolut und unmittelbar gefällt werden muss, der nur durch Besinnung erreicht wird und durch die Bestätigung dieses ein-

zigen Prinzips. Kurz, der Tod wird zum Sinn und Zweck des Lebens.

Die wesentliche Aufgabe, vor der der Trader steht, wenn er einmal einen brauchbaren Trading-Ansatz entwickelt hat, ist die Überwindung der Angst vor dem Verlust. Um das Problem auf den Punkt zu bringen: Die Frage für den Trader ist, ob es möglich ist, psychologisch zu trennen zwischen dem langfristigen Ziel des Gewinns und dem unmittelbaren, kurzfristigen Trauma, einen Verlust zu erfahren.
In dem Film *Wall Street* macht Gordon Gekko das Dilemma deutlich: „Nichts verdirbt mir so den Tag wie ein Verlust." Die üblichen Formen des Umgangs mit Verlusten sind die folgenden:

Leugnung. Ist es ein Wunder, dass die meisten Trader nicht die Ergebnisse erzielen, die sie sich vom Markt erwarten? Ich glaube nicht. Zu diesem Schluss bin ich gekommen, weil ich festgestellt habe, dass die meisten Trader Augen und Ohren verschließen und ihre Sinne ausschalten. Wie sonst könnte man ertragen, wenn sich ein Trade über Tage hinweg ungünstig entwickelt, mit unbegrenztem Risiko, solange, bis das Unbehagen so groß wird, dass auch das psychische Novocain, dass man sich verabreicht hat, den Schmerz nicht mehr betäuben kann? Doch Leugnen ist Selbstbetrug. Wie schon Loretta Casterini in dem Film *Mondsüchtig* zu Ronny Camerarri sagte: „Wach auf!"

Untätigkeit. Wie hieß noch das alte Sprichwort? „Wer auf dem Boden schläft, kann nicht aus dem Bett fallen." Leider gehen viele Trader nach diesem Motto vor, sobald es um Risiken geht. Wenn man gar nicht erst abdrückt, so glauben sie wohl, dann kann man auch das Ziel nicht verfehlen. In Wirklichkeit muss man aber die Waffe heben und das Ziel anvisieren – das heißt, wissen, worauf man schießen will –, bevor man überzeugt abdrücken kann. Wer einen Trading-Ansatz mit einem bestimmten Schwerpunkt entwickelt und verinnerlicht hat, dass die Mitnahme von Verlusten (die eigentliche Angst) nicht nur unvermeidbar, sondern notwendig ist, der kann mit dem nötigen Selbstvertrauen Trading-Gelegenheiten wahrnehmen, die er sonst verpassen würde.

Erst wenn eine verpasste Gelegenheit mehr schmerzt als die Untätigkeit, wird man abdrücken und auch treffen.

Verwirrung. Verwirrung und Unsicherheit entstehen, wenn man sich vor dem Einstieg in den Trade keine klare Risikomanagement-Strategie zurechtgelegt hat. Sie werden erkennen, dass es nicht die beste Trading-Strategie ist, im Geiste das Budget für den Familienurlaub neu durchzurechnen, während eine Position immer neue Tiefpunkte erreicht. Je besser sie Emotionen beim Trading ausklammern können, desto stärker ist Ihr Sinn für Klarheit bei Trading-Entscheidungen. Jeffrey Silverman hat diesen Punkt in einem Interview für *The Innergame of Trading* betont: „Die Disziplin macht sich dann bemerkbar, wenn man Dinge tut, die dazu beitragen, emotionale Inhalte bei der Entscheidungsfindung zu eliminieren... Sie sollten emotionslos einsteigen, emotionslos Positionen halten, emotionslos aussteigen."

Zorn. Auf das Marktgeschehen mit Zornesausbrüchen zu reagieren ist, als ob einer die Luft anhält, damit ein anderer blau anläuft: Es bringt nichts. Sie können noch so wütend sein, Ihr Verlust wird dadurch ganz sicher nicht kleiner. Es besteht aber durchaus die Möglichkeit, dass er noch um einiges größer wird!

Die Wahrheit über das Mitnehmen von Verlusten

Woher kommt es nur, dass in den vielen hundert Büchern über Trading und Investment, die ich gelesen habe, das Wort Verlust höchst selten seine hässliche Fratze zeigt? Indem man es einfach nicht anerkennt, leugnet man quasi kollektiv ein Virus vom Typ Ebola, gibt sich der Illusion hin, dass es schon keine Opfer fordern und wieder verschwinden wird, wenn man es nur lange genug ignoriert. In Wahrheit ist der Verlust für den Trader die exakte Entsprechung des Todes für den Krieger. Er ist allgegenwärtig und real. Der richtige Umgang mit Verlusten ist auf jeden Fall die schwierigste und wichtigste Lektion, die ein Trader lernen muss. Es ist keine rein intellektuelle Lektion: Das

Verkraften eines Verlustes betrifft jeden Aspekt eines Menschen. Im Folgenden wird beschrieben, wie Trader normalerweise auf erlittene Verluste reagieren.

Physische Symptome beim Erleiden eines Verlustes:

● beschleunigte oder flache Atmung
● Schweißausbrüche
● Muskelkrämpfe
● Magenbeschwerden
● Verspannungen
● Übelkeit

Gemütszustand beim Erleiden eines Verlustes:

● zornig
● deprimiert
● desillusioniert
● abwesend
● allgemeine Angstgefühle
● reizbar
● frustriert
● gesunkenes Selbstwertgefühl
● Scham

Visuelle Vorstellungen beim Erleiden eines Verlustes:

● Bilder vergangener Misserfolge.
● Vorstellungen von Trading-Hindernissen und Enttäuschungen.
● Visionen allgemeiner Missgeschicke, die mit dem aktuellen Verlust gar nichts zu tun haben.

Akustische Eindrücke beim Erleiden eines Verlustes:

● Die Stimme des Untergangs und des Versagens.
● „Aufnahmen" negativer Erfahrungen aus der Vergangenheit.

67

● Erinnerungen an Aussagen, durch die man zum „Idioten" abgestempelt wurde.

Sensorische Wahrnehmungen beim Erleiden eines Verlustes:

● Der Körper wird schwer.
● Die Schultern hängen.
● Der Oberkörper ist gebeugt.
● Die Gesichtsmuskeln werden schlaff.
● Die Atmung wird flacher.
● Die Augen sind niedergeschlagen.
● Der Trader fühlt sich beladen, kraftlos oder ohne Elan.

Ängste des Traders beim Erleiden eines Verlustes:

● Angst, zu versagen – Der Trader fühlt einen starken Leistungsdruck, macht sein Selbstwertgefühl am Trading-Erfolg fest.
● Angst vor dem Erfolg – Der Trader gerät außer Kontrolle. Euphorisches Trading. Der Trader zweifelt an sich.
● Angst vor Unzulänglichkeit – Der Trader erlebt einen Verlust an Selbstwertgefühl, sein Selbstvertrauen lässt nach.
● Verlust der Kontrolle – Der Trader verliert das Gefühl, beim Trading persönlich Verantwortung zu tragen. Er empfindet den Markt als Bedrohung.

Gedanken des Traders beim Erleiden eines Verlustes:

● „Was soll ich nur tun?"
● „Hier ist vernünftiges Trading gar nicht möglich."
● „Ich bin zu unbedeutend, zu unerfahren, zu jung, zu alt, etc."
● „Ich habe keine klare Strategie."
● „Was wird die/der von mir denken?"
● „Ich bin ein Versager, ein Dummkopf, ein Idiot, etc."

Ansichten des Traders über sich selbst und den Markt beim Erleiden eines Verlustes:

Über den Markt –
- „Der Markt ist manipuliert."
- „Hier ist erfolgreiches Trading nicht möglich."
- „Die Profis haben mich aus dem Rennen geworfen."
- „Nie werden meine Orders günstig ausgeführt."
- „Mein Broker zieht mich über den Tisch."
Über sich selbst –
- „Nie sind meine Trades erfolgreich."
- „Ich bin so ein ... . Immer mache ich dieselben Fehler."
- „Ich darf keine Schwächen haben."
- „Wer Verluste mitnimmt, ist ein Verlierer."
- „Wenn der Markt nicht genau so reagiert, wie ich es erwartet habe, dann habe ich keine Ahnung."

Selbstzerstörerisches Verhalten eines Traders beim Erleiden eines Verlustes:

- Sich selbst unerreichbare Maßstäbe setzen.
- Anderen imponieren wollen.
- Immer in absoluten Begriffen denken – schwarz oder weiß, alles oder nichts, großer Erfolg oder Versagen.
- Sich auf negative Dinge konzentrieren.
- Die Überzeugung, die Kindheit oder vergangene Erfahrungen haben Sie auf Misserfolg programmiert.
- Vom Markt und von sich selbst Gewissheit verlangen.
- Trading als unmöglich empfinden.
- Einen misslungenen Trade als Katastrophe betrachten.
- Sich als Mensch insgesamt in negativem Licht zu sehen, statt den Trade als solchen.

Wenn Sie diese Merkmale durchgelesen haben, sollten Sie sich die folgenden Fragen stellen:

- Inwiefern bin ich betroffen?
- Wie wirkt eine Verlusterfahrung auf mich?
- Welche körperlichen Symptome treten bei mir auf?
- Wie fühle ich mich, wenn ich einen Verlust erleide?
- Was höre ich mit meinem inneren Ohr?
- Welche sensorischen Wahrnehmungen habe ich?
- Welche spezifischen Ängste treten immer wieder auf?
- Was denke ich, wenn ich einen Verlust erleide?
- Was halte ich von mir und vom Markt, wenn ich Verlust mache?
- Welche selbstzerstörerischen Verhaltensweisen sind bei mir festzustellen, wenn ich einen Verlust erleide?

Wenn Sie jede dieser Fragen mit der Wahrheitsliebe eines Samurai beantworten, mit seiner Entschlossenheit, die größte Angst im Leben zu überwinden, dann kommen Sie dadurch ein gutes Stück weiter auf dem Weg zur Erschließung der wahren Natur des Tradings.

Die Top-Trader

Die folgenden Interviews zeigen, wie Star-Trader von der Samurai-Psychologie beeinflusst sind.

Joseph Siegel

Mr. Siegel war langjähriges Mitglied und Market Maker auf dem Parkett der Chicago Mercantile Exchange.

Erfolgreiches Trading beruht im Grunde auf drei Faktoren: Wissen, Nervenstärke und der Fähigkeit, Verluste zu verkraften. Natürlich kann jeder Geld verlieren, doch man braucht gute Nerven, um zu verlieren und trotzdem weiterzumachen – wieder einsteigen zu wollen, sich zuzutrauen, beim Trading klug und schnell genug zu sein, Gelegenheiten zu nutzen und Gewinn zu machen. Meiner Erfahrung nach ist die Einstellung, trotz Verlusten wieder einzusteigen, ein wichtiger Punkt, denn Geld und Mut verliert man schnell. Man braucht eine gehörige Portion Selbstvertrauen, die Überzeugung, dass man, auch wenn einem der Markt in irgendeiner Form übel mitgespielt hat, wieder Erfolg haben und beim nächsten Versuch mit Gewinn abschließen kann.

Donald Stevens

Mr. Stevens ist langjähriges Mitglied und unabhängiger Trader an der Chicago Mercantile Exchange.

Man muss bestimmte Parameter festlegen. Wenn ich einen Markt betrete und er wendet sich zu stark gegen mich, bin ich draußen. Man braucht einen strengen Verhaltenskodex, den man diszipliniert anwenden muss. Man muss konsequent und entschlossen vorgehen.

Gene Agatstein

Mr. Agatstein ist langjähriges Mitglied des Finanzterminmarkts der Chicago Mercantile Exchange. Früher war er Parketthändler und hatte sich auf den Devisenmarkt spezialisiert.

Erfolgreiches Trading steht und fällt mit den psychologischen Faktoren Selbstwertgefühl und Selbstvertrauen. Wenn man sich nur lange und intensiv genug mit Trading befasst, muss unterm Strich einfach etwas herausspringen, wenn man Gewinn bringende Trades laufen lässt und Verluste klein hält. Warum funktioniert das dann nicht bei jedem? Der Schlüssel liegt im Selbstvertrauen.

Es ist nicht ganz einfach, das Thema Geldmanagement aus dem Komplex Selbstwertgefühl und Selbstvertrauen herauszulösen. Denkt man bei jedem Trade in Dollar und Cent, ob plus oder minus, dann kann die Summe bedrohliche Ausmaße annehmen. Ich denke, jeder schießt mal ein bisschen übers Ziel hinaus, lässt sich mitreißen, wenn alles gut läuft. Dann klebt man zu sehr an seiner Position. Hat man Pech und die Sache läuft schief, ist man vielleicht für immer aus dem Rennen. Wer Geld verdienen will, der muss meiner Ansicht nach bereit sein, sein Trading-Kapital aufs Spiel zu setzen. Wenn ich eine Position einnehme und über die nötigen Mittel verfüge, dann setze ich mich hin mit Papier und Stift und rechne mir aus, wie viel ich an diesem Trade verlieren kann. Ich überlege mir, wo der Trade vielleicht aus dem Ruder laufen und wie viel Dollar Verlust er mir bescheren könnte. Ich denke, ich war immer dann am besten und erfolgreichsten, wenn ich mit einem Trade zunächst Geld verloren habe und bis zu diesem Punkt geprüft wurde – dem Punkt, an dem der Markt umschwingt und mich mit meinem Trade im Regen stehen lässt. Dann denke ich immer, schlimmer kann es nicht kommen. Der Markt hat mich in die Mangel genommen, doch ich habe es überstanden, und jetzt springe ich einfach auf den fahrenden Zug auf. Es ist wie eine Gegenreaktion: Erst verliert man sein Geld, dann geht es wieder bergauf.

George Segal

Mr. Segal ist unabhängiger Trader und langjähriges Mitglied der Chicago Mercantile Exchange. Er war früher als Präsident und CEO (Vorstandsvorsitzender) von CSA, Inc., im Futures-Kommissionsgeschäft.

Ich denke, erfolgreiches Trading ist eine Frage der Persönlichkeit. Auch wenn 19 von 20 Trades Verluste bringen, darf man keine kalten Füße bekommen, denn der zwanzigste kann alleine mehr einbringen, als die anderen 19 gekostet haben. Erfolgreiche Trader grübeln nicht über ihre Verluste. Sie möchten ihr Kapital erhalten und warten dabei auf die Gelegenheit zum ganz großen Wurf.

Sie können Einbußen verkraften, nehmen einen Verlust mit und stehen sofort wieder auf der Matte für den nächsten Trade nach dem Motto: neuer Tag, neues Glück. Und an diesem neuen Tag bietet sich auch stets ein neuer Trade. Große Verluste meiden sie nach Möglichkeit.

Wenn ich eine Position einnehme, gibt es nur eine Sache, um die ich mir Gedanken mache, und das ist nie, wie viel ich möglicherweise daran verdiene. Ich denke nur darüber nach, wo ich aussteigen soll, wenn es sich nicht wunschgemäß entwickelt.

Geldmanagement ist das Allerwichtigste, würde ich sagen, egal, ob es um $100 000 oder um $10 Millionen geht. Ein massives Handicap für viele Trader ist, dass sie nicht zugeben können, wenn sie sich geirrt haben. Ich glaube, viele Leute haben Probleme damit, sich Fehler einzugestehen, einzuräumen, dass der Zeitpunkt falsch war. Entweder hat das Timing nicht gestimmt, oder der Markt war noch nicht soweit. Vielleicht wirken auf diesem Markt auch noch andere Faktoren, deren sich der Trader nicht bewusst ist. Wie auch immer, jedenfalls sträubt er sich dagegen, Irrtümer einzuräumen.

Dann gibt es Leute, die Angst davor haben, sich zu engagieren. Sie sollten die Finger vom Trading lassen, wenn Sie Angst vor dem Einstieg haben, selbst wenn es sich um eine kleine Position handelt. Ich bin überzeugt, dass eine ganze Menge Leute das Trading aufgegeben haben, weil sie Angst hatten vor ihren Trades.

73

Und noch etwas: Aus einem Gewinn bringenden Trade kann jeder aussteigen. Es ist kein Kunststück, aus einem erfolgreichen Trade auszusteigen – die meisten tun das viel zu früh. Ungleich schwieriger ist es, aus einem Verlust bringenden Trade herauszukommen. Wenn ich eingestiegen bin, überlege ich mir, wie weit sich der Markt wohl bewegen wird und welchen Zielbereich ich für wahrscheinlich halte. Ich versuche, hier das maximal Mögliche anzupeilen. Ich habe schon beim Einstieg eine Zielvorstellung und versuche, nicht zu sehr auf den Markt zu achten, solange alles gut läuft. Ich verfolge nicht gerne jeden einzelnen Tick. Die besten Erfahrungen habe ich gemacht, wenn ich meine Positionen aufgestockt habe – je nach Marktrichtung auf Bullen- oder Bärenseite. Denn dann bin ich sicher, dass der Markt meinen Eindruck bestätigt, dass er tun wird, was ich erwarte.

Bruce Johnson

Mr. Johnson ist unabhängiger Trader und Market Maker an den Viehmärkten der Chicago Mercantile Exchange. Er ist Präsident von Packers Trading Co.

Wissen Sie, ich habe mir die Leute angeschaut, die ich so kenne, und sie haben einen ganz unterschiedlichen Hintergrund. Nehmen Sie jemanden wie Joel Greenberg und jemanden wie George Segal, Lloyd Arnold und Bob Rufenacht. Ich habe immer gefunden, dass diese Leute nur eine einzige Gemeinsamkeit haben: Geld ist ihnen vollkommen einerlei. Bob Rufenacht zum Beispiel. Ich habe mehrere Jahre für ihn gearbeitet und mehrere Hochs und Tiefs miterlebt. Geld war ihm dabei immer egal. Er hat sich nie etwas daraus gemacht, wenn er Geld verlor. Jeder sagt: „Wenn ich eine Million Dollar beisammen habe, dann steige ich aus." Doch mit dieser Einstellung wird man die Million nie bekommen. Ich denke, den wirklich guten Tradern geht es in Wahrheit überhaupt nicht ums Geld.

Jeffrey Silverman

Mr. Silverman ist unabhängiger Trader und langjähriges Mitglied der Chicago Mercantile Exchange, deren Vorstand er angehört.

Ich betrachte die potenziellen Risiken einer Position Ich überlege mir, wie viel Ertrag sie bringen könnte. Dann versuche ich, möglichst viel herauszuholen, möglichst viel Gewinn pro Dollar, möglichst viel Ertrag im Verhältnis zum Risiko, möglichst viel Plus auf mein Einsatzkapital. Läuft die Sache gut, versuche ich, die Risiken im Verhältnis zum Kapitaleinsatz zu verringern, und orientiere mich längerfristig.

Leo Melamed

Mr. Melamed ist emeritierter Vorstandsvorsitzender der Chicago Mercantile Exchange und aktiver Futures-Trader sowie Vorsitzender und CEO (Vorstandsvorsitzender) der Sakura-Dellsher Investment Company, Inc., einem Unternehmen der Futures-Kommissions-Branche.

Man muss seine Gefühle ausklammern. Man muss seine Gefühle vollkommen beiseite schieben und rein verstandesmäßig vorgehen. Gefühle haben im Prozess der Entscheidungsfindung absolut nichts verloren. Emotionale Regungen sind die schlechtesten Motive für einen Trade oder eine Entscheidung. Und genau das war meine Stärke: Ich hatte die Fähigkeit, bei Trading-Entscheidungen persönliche Gefühle komplett außer Acht zu lassen. Immer, wenn die Gefühle die Oberhand bekamen, musste ich reinen Tisch machen, aussteigen, Abstand gewinnen zu diesem Trade und mein Gleichgewicht wiederfinden.

III. Die Siegermentalität und wie man sie erlangt

Anhand von Interviews, die ich mit hunderten von Top-Tradern geführt habe, und auch aufgrund meiner eigenen, mehr als zehnjährigen Erfahrung als einer der führenden Market Maker auf dem Parkett der

Chicago Mercantile Exchange habe ich die folgende Liste spezifischer psychologischer Merkmale zusammengestellt, die für den Trading-Erfolg von Bedeutung sind:

● übermächtige Motivation
● Zielstrebigkeit
● Selbstvertrauen
● Konzentration
● Selbstbeherrschung
● positiv orientiertes Vorstellungsvermögen
● mentale Konditionierung

Die Syntax erfolgreichen Tradings

gut analysierter Trade
▼
starke persönliche Überzeugungen und Einstellungen
▼
korrekte Ausführung auf Grundlage positiver Konzentration
▼
entschlussfreudige, einfallsreiche Geisteshaltung
▼
Trading-Erfolg

Übermächtige Motivation. Übermächtige Motivation ist die absolute Bereitschaft, alles zu tun, was für den Trading-Erfolg nötig ist – sich auch mit einem schlechten Tag oder einem Rückschlag abzufinden, um seine Trading-Ziele zu erreichen. Denken Sie nur an die Mentalität eines

Weltklasse-Sportlers: Er gibt alles, hat keine Angst vor seinem Einsatz, hat keine Angst „präsent zu sein", ist in jedem Augenblick voll da.

Zielstrebigkeit. Zielstrebigkeit ist für einen Trader ein Muss, nicht nur, wenn es um realistische, messbare Ziele im Rahmen eines festgesetzten Zeitraumes geht, sondern auch, was die Verbesserung von Motivation und Leistung anbelangt. Sie sorgt dafür, dass der Trader laufend versucht, ein höheres Niveau zu erreichen. Dabei geht es nicht darum, perfekt zu sein, sondern hervorragend. Hervorragende Leistungen führen zu Ergebnissen, Perfektionismus zu Magengeschwüren.

Selbstvertrauen. Selbstvertrauen, das auf Kompetenz basiert, ist im Grunde eine Folge der Motivation, des Glaubens (an sich und an den Markt) und der geistigen Verfassung. Psychologisch betrachtet versteht man unter Selbstvertrauen nichts anderes als eine beständige positive Erwartungshaltung. Überlegen Sie einmal, was Sie bisher in Ihrem Leben mit diesem Gefühl des Selbstvertrauens (der positiven Erwartung) angefangen haben. Hat dieses Gefühl nicht am Ende einen erfolgreichen Ausgang vorweggenommen? Das Gleiche gilt auch fürs Trading.

Konzentration. Je stärker Sie sich konzentrieren, je präziser die Feineinstellung ihrer Trading-Schwerpunkte, desto besser die Ergebnisse. Konzentration gehört zu den klischeebehafteten Begriffen, die erst durch den gezielten Einsatz beim Trading ihre spezifische Bedeutung erhalten. Nur der konzentrierte Trader legt Beständigkeit und ein hohes Maß an Selbstvertrauen an den Tag. Konzentration entsteht aus der Entwicklung einer spezifischen Strategie heraus, die Sicherheit vermittelt und ein entsprechendes Auftreten.

Selbstbeherrschung. Wie Sie sich gerade fühlen, bestimmt Ihre Verfassung – bestimmt über Ihr körperliches Wohlbefinden, Ihr äußeres Erscheinungsbild und Ihre Emotionen beim Trading. Nur wer gelernt hat, seine Gemütsverfassung zu beherrschen, der kann selbst darüber bestimmen, ob er zögert oder zupackt, ob er emotional am Ende oder physisch und psychisch in Hochform ist.

77

Trading-Erfolg

Körperliche Reaktionen

Unbeschwertes Körpergefühl, gerade Schultern, aufrechter Oberkörper. Angespannte Gesichtsmuskulatur; tiefe, entspannte Atmung.

Vorstellungen

Man sieht sich erfolgreich, beherrscht und entspannt, kompetent, selbstbewusst und positiv. Die Augen blicken auf und nach vorne. Der Trader fühlt sich stark, energiegeladen und enthusiastisch.

Akustische Wahrnehmungen

Die Stimme des Selbstvertrauens und der Selbstbeherrschung. Die Klänge entspannten, mühelosen Tradings.

Die Siegermentalität (The Winning State of Mind)

> ideale Gemütsverfassung, Angstfreiheit,
> Vertrauen in die eigenen Fähigkeiten, Selbstsicherheit,
> hohes Selbstwertgefühl

> gut durchdachte Strategie

> positive Trading-Reaktionen

Psychologische Merkmale der Siegermentalität:

- Erwarten Sie das Beste von sich.
- Setzen Sie sich einen persönlichen Leistungsstandard.
- Schaffen Sie in sich die richtige Atmosphäre für den Erfolg durch übermächtige Motivation und Konzentration.

● Kommunizieren Sie wirkungsvoll mit sich selbst, geben Sie sich positiv, einfallsreich und selbstbestätigend.

Positive Bilder. Wir haben die Macht und die Fähigkeit, zu wählen, welche Bilder unser Geist und unser Körper produziert. Wir können Art und Intensität der Vorstellungen (des Fühlens auf einer physischen Ebene) buchstäblich selbst bestimmen. Diese Vorstellungen können visueller, akustischer und kinesthetischer (physischer) Natur sein. Wir können Misserfolg oder Erfolg sehen, Trading-Verluste oder Marktinformationen, lähmende Umstände oder Trading-Gelegenheiten. Es ist Ihr Kopf – Sie bestimmen, was er Ihnen zeigt!

Visuelle Vorstellungen, die die Leistung verbessern:
● Erfolgsszenen
● Sie sehen sich als bestimmendes Element.
● Sie stellen sich als kompetent, entspannt, selbstbewusst, positiv dar.
● Sie betrachten positive Bilder, die Ihre Leistung verbessern.

Akustische Vorstellungen, die die Leistung verbessern:
● Sie lauschen der Stimme des Selbstvertrauens.
● Wie es klingt, wenn man sagt: „Ich wusste, dass ich Recht hatte."
● Die Stimme der positiven Erwartung.

Kinesthetische Bilder, die den Trading-Erfolg steigern:
● Der Körper fühlt sich leicht und sicher.
● Der Körper ist stark, voller Energie.
● Die Konzentration ist voll da.
● Die Atmung ist ruhig, mühelos, lang und tief.

Innerliche Abläufe zur Verbesserung der Gemütsverfassung:

Visuell	*Akustisch*	*Kinesthetisch*
Helligkeit	Lautstärke	eben
Farbe	Dauer	warm
Kontrast	Höhe	kalt
Distanz	Klang	pulsierend
Ort	Ort	unterbrochen
Form	Richtung	stark
Größe	Rhythmus	schwach

Positive Überzeugungen, die den Gemütszustand verbessern:

- Ich glaube, dass ich ein erfolgreicher Trader bin oder werde.
- Ich glaube, dass ich beim Trading ausgezeichnete Ergebnisse erzielen kann.
- Ich glaube, dass ich Gewinn bringende Trades identifizieren und durchführen kann.
- Ich glaube, dass ich beim Trading selbstbewusst auftreten kann.
- Ich glaube, dass ich mühelos und mechanisch vorgehen kann.
- Ich glaube, dass jeder neue Tag neue Möglichkeiten eröffnet.
- Ich glaube, dass ich persönlich für meine Trading-Ergebnisse verantwortlich bin.
- Ich glaube, dass ich Erfolg haben kann, ohne vollkommen zu sein.
- Ich glaube nicht, dass sich mein Selbstwertgefühl einzig an meinen Leistungen als Trader orientiert.
- Ich glaube, ein schlechter Trade ist ein schlechter Trade – mehr nicht.
- Ich glaube, Trading ist ein Prozess.
- Ich glaube, dass ich über die besten Voraussetzungen verfüge, wenn ich an mich glaube und an eine bewährte Methode, wenn ich jeden neuen Trading-Tag mit frischem Mut und positiver Einstellung angehe.

Mentale Konditionierung. Die psychologischen Voraussetzungen für erfolgreiches Trading erfordern laufende Konditionierung. Sie müssen jeden Tag wieder eingeübt werden. Sie sind mindestens so wichtig wie Ihre tägliche Arbeit mit den Charts.

IV. Eignen Sie sich die wesentlichen Elemente einer erfolgreichen Trading-Strategie an

Die folgende Liste und die anschließende Diskussion der einzelnen Punkte umfasst die nach meiner Überzeugung 15 wichtigsten Elemente einer erfolgreichen Trading-Strategie:

1. Weist Ihnen die persönliche Verantwortung für alle Aktivitäten auf dem Markt zu.
2. Berücksichtigt Ihre Trading-Motive.
3. Ermöglicht Gewinn bringendes Trading.
4. Setzt Ziele und formuliert einen Aktionsplan.
5. Kontrolliert Ängste.
6. Setzt Schwerpunkte.
7. Entspricht langfristig Ihrer Persönlichkeit.
8. Verleiht Ihnen Profil.
9. Ist automatisch/einfach/entschlossen in der Umsetzung.
10. Steuert Risiken, berücksichtigt Verluste.
11. Gibt Raum für Geduld und einfallsreiches Trading.
12. Ist gewinnorientiert in Theorie und Praxis.
13. Lässt keine Fragen offen.
14. Ermöglicht beständige Ergebnisse.
15. Identifiziert Gelegenheiten.

1. Weist Ihnen die persönliche Verantwortung für alle Aktivitäten auf dem Markt zu. Es liegt nicht an Ihrem Broker, an Ihrem Schwager, am Chef der FED (Federal Reserve Bank), an der Ausführung, am Computer oder an den Arbeitslosenzahlen – es liegt an Ihnen!! Das ist eine einfache Tatsache, die beim Einsatz jeder Trading-Strategie klar sein muss: Sie produzieren die Ergebnisse. Gut oder schlecht, die Verantwortung liegt letztendlich bei Ihnen. Das Handbuch zur Firmenpolitik der Nordstrom Corporation enthält nur einen einzigen Satz: „Handeln Sie stets, so gut es Ihr Urteilsvermögen zulässt."

2. Berücksichtigt Ihre Trading-Motive. Ihre Trading-Strategie muss Ihre Trading-Motive widerspiegeln. Geht es Ihnen beim Trading um die Spannung, dabei zu sein, dann sollten Sie Abstand nehmen von einer Software, die lediglich vier Trades im Jahr generiert. Es ist wichtig, dass Ihr Marktverhalten mit Ihren Motiven und Beweggründen fürs Trading übereinstimmt.

3. Ermöglicht Gewinn bringendes Trading. Die meisten Trader denken nicht in erster Linie an Gewinne, sondern es geht ihnen vordringlich darum, Verluste zu vermeiden. Eine wirksame Strategie begründet ein aktives Marktverhalten, das es Ihnen erlaubt, sich voll einzubringen, zum entsprechenden Kurs aggressiv zu kaufen, Ausbrüche zu erwischen, auf Ihr Signal hin ein- und auszusteigen. Oh ja, und natürlich muss man einen Verlust riskieren, wenn man gewinnen will.

4. Setzt Ziele und formuliert einen Aktionsplan. Ihre Strategie sollte über eingebaute lang- und kurzfristige Zielsetzungen verfügen. Was wollen Sie heute erreichen? In dieser Woche? In diesem Monat? In diesem Jahr? Außerdem brauchen Sie noch einen spezifischen Plan, den Sie (jetzt sofort) verinnerlichen können, um dieses Ziel im Hinblick auf Resultate, Leistung und Motivation zu erreichen. Ja, das ist viel Stoff zum Nachdenken.

5. Kontrolliert Ängste. Beim Trading sind wir immer einer ganzen Reihe von Ängsten ausgesetzt. Eine fundierte Strategie minimiert diese Ängste, indem sie die Faktoren anspricht, die unweigerlich solche Gefühle auslösen (z. B. Verlust, Risikosteuerung, Wiedereinstieg).

6. Setzt einen Schwerpunkt. Das Problem bei den meisten Trading-Strategien ist, dass sie schlussendlich keinen Schwerpunkt setzen. Sie müssen wissen, wonach Sie suchen und was Sie vor sich haben.

Sie müssen das Signal von den Hintergrundgeräuschen eindeutig unterscheiden können, einen erfolgreichen von einem erfolglosen Trade, eine hohe von einer niedrigen Wahrscheinlichkeit.

7. Entspricht langfristig Ihrer Persönlichkeit. Wie oft sind wir schon von Tradern darauf angesprochen worden, dass sie bei ihrer Strategie (oder ihrem System) einfach kein „gutes Gefühl" haben, das irgendetwas „nicht passt"? Viel zu oft. Wenn Ihre Strategie Erfolg haben soll, dann müssen Sie einfach ein gutes Gefühl dabei haben.

8. Gibt Ihnen Profil. Das richtige Profil ist leider nicht käuflich zu erwerben. Es gibt nicht das richtige Profil schlechthin, vorgefertigt, passend für jeden Trader. Es ist einer der vielen Widersprüche beim Trading, dass man, um erfolgreich zu sein, ein eigenes Profil braucht, dieses jedoch für jeden Trader anders sein kann. Das Sprichwort „Was dem einen recht ist, ist dem anderen billig", trifft hier nicht zu. Jeder muss sein eigenes Profil entwickeln, und das ist ein wesentlicher Faktor einer Gewinn bringenden Strategie.

9. Ist automatisch/einfach/entschlossen in der Umsetzung. „Wer zu spät kommt, den bestraft das Leben."

10. Steuert Risiken, berücksichtigt Verluste. Eine gute Trading-Strategie berücksichtigt die Tatsache, dass Verluste unvermeidlich sind. Bringt ein Trade Verlust, wird das als unvermeidlich, nicht aber als ungewöhnlich angesehen. Risikosteuerung heißt, dass kein Verlust außer Kontrolle gerät. Wie beim Baseball kann man mit drei von zehn Treffern sehr gute Ergebnisse erzielen. Ihre Strategie muss Ihnen aber deutlich mitteilen, wann Sie falsch liegen.

11. Gibt Raum für Geduld und einfallsreiches Trading. Sobald der Einstieg gelungen ist, muss Ihre Strategie ermöglichen, ruhig, geduldig und konzentriert zu bleiben, indem Sie Ihnen objektive Kriterien bietet (die natürlich in Wirklichkeit allesamt subjektiv sind). Sie müssen in Ihrem Kopf die Notfallpläne für alle möglichen Marktszenarien entwickeln. Alles andere wäre Glücksspiel!

12. Sie ist gewinnorientiert in Theorie und Praxis. Dieser Punkt wirkt selbstverständlich, doch in Wirklichkeit ist er es nicht. Viele Trader entwickeln Strategien, um bestimmte ideologische oder technische Ideen zu verfolgen, nicht, um Geld zu verdienen. Doch uns geht es um Leistung! Winston Churchill hat gesagt: „Es ist ein sozialistischer Gedanke, dass Gewinn von Übel ist; ich finde, es ist von Übel, wenn man Verlust macht." Das sollte man auch beim Trading stets beherzigen.

13. Lässt keine Fragen offen. Bei Ihren Überlegungen zählt die Wahrscheinlichkeit, beim Trading die Sicherheit. Ihre Strategie muss Ihnen unmissverständlich sagen, was Sie wissen müssen!

14. Ermöglicht beständige Ergebnisse. Ihre Strategie sollte so gut organisiert und geordnet sein, dass Sie beständige Ergebnisse erzielen können. Der Rest liegt dann bei Ihnen.

15. Identifiziert Gelegenheiten. Anthony Robbins *(Unlimited Power)* hat festgestellt: „Der Unterschied zwischen dem Erfolgreichen und dem Erfolglosen besteht nicht in ihrem Vermögen – er besteht in dem, was sie sich vorstellen, was sie mit ihren Mitteln anfangen, welche Erfahrungen sie in ihrem Leben machen." Das gilt auch fürs Trading. Ihre Trading-Strategie sollte Ihnen die Augen öffnen und Marktgelegenheiten erkennen helfen – damit Sie handeln können!

Beantworten Sie nun die folgenden Fragen:

- Will ich wirklich ein erfolgreicher Trader werden? Warum?
- Besitze ich die erforderlichen Eigenschaften?
- Was ist mir wirklich am wichtigsten?
- Bin ich bereit, den Preis dafür zu bezahlen?
- Bin ich bereit, persönlich die Verantwortung zu übernehmen für alle meine Handlungen?
- Bin ich bereit, zu beginnen, wo ich stehe?
- Bin ich bereit, selbstständig zu denken?
- Bin ich entschlossen, mein Potenzial voll auszuschöpfen?

Für den Samurai war das wahre Tao seiner Disziplin, ein möglichst geschickter Krieger zu werden, alle inneren und äußeren Hemmnisse zu überwinden. So wurde er am Ende selbst zur lebenden Verkörperung der Natur des wahren Weges. „Wenn dein Geist nicht mehr umwölkt ist, wenn die Wolken der Verwirrung sich aufgelöst haben, dann herrscht wahrhaftige Leere. Mit Leere meine ich, was keinen Anfang und kein Ende hat. Dieses Prinzip zu verwirklichen heißt, dieses Prinzip nicht zu verwirklichen. Der Weg der Strategie ist der Weg der Natur." (King, *Zen and the Way of the Sword*).

Für den Trader ist die Herausforderung, seine Kunst zu perfektionieren, nicht weniger real. Hier noch einmal alle wesentlichen Fähigkeiten, über die ein Trader verfügen sollte:

- *Geduld* – Der Trader muss warten können, bis sich auf dem Markt eine Gelegenheit zeigt, die sich aufgrund eines gut durchdachten Einsatzplans ergibt.
- *Disziplin* – Der Trader muss den Überblick haben und besonnen reagieren.
- *Strategie* – Der Trading-Plan ist gut durchdacht, begrenzt Verluste und lässt Gewinne laufen.
- *Expertise* – Der Trader ist gut vorbereitet und hat die nötigen Vorarbeiten für ein erfolgreiches Resultat geleistet. Die Trading-Strategie ist ihm vertraut.
- *Motiv* – Der Trader hat ein langfristiges Motiv (z. B. intellektuelle Herausforderung).
- *Ziele* – Die Ziele des Traders sind klar definiert.
- *Risikosteuerung* – Der Trader achtet auf ein streng einzuhaltendes, klar definiertes Verhältnis von Risiko und Ertrag.
- *Gemütsverfassung* – Der Trader arbeitet in einer positiven, energiegeladenen Gemütsverfassung, mit hohem Selbstwertgefühl, Selbstbewusstsein und Konzentration, mit einer entspannten rechten Hirnhälfte.

Das von Miyamoto Musashi 1643 verfasste *The Book of Five Rings* ist einer der bedeutendsten Samurai-Texte, die je geschrieben wurden. Die darin vermittelten Einsichten waren gedacht für die Elite

85

aller Berufe, die nach individueller Perfektion und persönlicher Bestleistung strebten. Für den Trader ist Musashis Rat zwingend und
zeitgemäß:

Denke daran, was richtig und wahr ist. Lerne, alles
gründlich zu betrachten. Werde dir der Dinge bewusst, die nicht offensichtlich sind. Übe Sorgfalt,
auch in kleinen Dingen. Tu nichts, was sinnlos ist.

Teil III

– Der Weg der Natur –

Der Weg ist das Ziel

„Willst du den Weg des Meisters gehen, so musst du fleißig üben, danach streben, dein Können zu verfeinern, neue Ebenen der Kompetenz zu erreichen. Während du dies tust – und das ist der härteste Teil der Reise – musst du bereit sein, einen Großteil deiner Zeit auf einem Plateau zuzubringen, um weiterzuüben, obwohl du scheinbar nicht voran kommst."

George Leonard, *Mastery*

„Handle nach den Gesetzen deines inneren Selbst, vertraue auf die angeborene Richtigkeit deiner Instinkte, so wirst du Erfolg haben."

Laotse, *Tao Te Ching*

In *The Intuitive Trader* habe ich besonders hervorgehoben, dass ein großer Trader nicht deshalb ein großer Trader ist, weil er besondere Trader-Gene geerbt hat. Sieger werden nicht als Sieger geboren, sie werden gemacht. Wie wir gesehen haben, geht der maßgeblichste Einfluss bei unserer Entwicklung als Trader – eigentlich als Menschen überhaupt – aus von den Gedanken, denen wir uns hingeben, von unseren Ansichten über uns selbst und von der Umgebung, die wir als real akzeptieren. Wenn wir nicht an Misserfolg glauben, ja, seine Existenz verneinen, wie können wir dann versagen? Die einzigen „realen" Grenzen unserer Leistungsfähigkeit sind selbst auferlegt. Stellen Sie sich einmal vor, wie es wäre, nach dieser Überzeugung zu leben: Alles, was wir tun, passiert aus einem bestimmten Grund – um uns weiterzubringen! Auch die negativste Erfahrung birgt den Keim zu etwas, wovon wir langfristig profitieren.

Misserfolge gibt es nicht – nur Ergebnisse

Betrachten Sie die Lebensgeschichte folgender Person:

Bankrott mit 21
gescheiterte Kandidatur für die gesetzgebende Versammlung mit 22
erneuter Bankrott mit 24
Verlust der Geliebten mit 26
Nervenzusammenbruch mit 27
gescheiterte Kandidatur für den Congress mit 34
gescheiterte Kandidatur für den Congress mit 36
gescheiterte Senatskandidatur mit 45
Scheitern bei der Wahl zum Vizepräsidenten mit 47
gescheiterte Kandidatur für den Senat mit 49
Wahl zum Präsidenten der Vereinigten Staaten mit 52

Das war Abraham Lincoln. Erfahrung, und das ist der Punkt, ist lediglich, wie wir die Dinge vor uns selbst darstellen, ob wir nun für das Amt des Präsidenten kandidieren oder den beständigen Trading-Erfolg anstreben.
Befassen wir uns nun mit den aktiven Überzeugungen, die Top-Trader auszeichnen. Ich denke, sie zeigen deutlich, was die Voraussetzung ist für Höchstleistungen.

● Ich glaube, dass ich ein erfolgreicher Trader bin oder sein werde.
● Ich glaube, dass ich beim Trading ausgezeichnete Ergebnisse erzielen kann.

- Ich glaube, dass ich Gewinn bringende Trades identifzieren und durchziehen kann.
- Ich glaube, dass ich das nötige Selbstvertrauen fürs Trading mitbringe.
- Ich glaube, dass ich mühelos und mechanisch vorgehen kann.
- Ich glaube, dass ich mich an jedem Tag neu beweisen kann.
- Ich glaube, dass ich persönlich für alle meine Trading-Ergebnisse verantwortlich bin.
- Ich glaube, dass ich Erfolg haben kann, obwohl ich nicht vollkommen bin.
- Ich glaube nicht, dass meine Leistungen als Trader meinen Selbstwert ausmachen.
- Ich glaube, ein misslungener Trade ist ein misslungener Trade – nichts weiter.
- Ich glaube, dass Trading ein Prozess ist.
- Ich glaube, dass ich dadurch, dass ich von mir und meiner bewährten Methode überzeugt bin und jeden Trading-Tag wieder mit neuer, positiver Einstellung angehe, über den besten Trading-Ansatz überhaupt verfüge.

„Misserfolg! Es gibt kein solches Wort im freundlichen Wörterbuch, wenn du es nicht hineingeschrieben hast. Misserfolg erlebt nur, wer an Misserfolg glaubt und ihn als gegeben hinnimmt."

Orison Swett Marden

Übernehmen Sie die Verantwortung für alles, was passiert

In *The New Market Wizards* schreibt Jack Schwager Folgendes:

Sehen Sie ein, dass Sie für Ihre Ergebnisse verantwortlich sind. Selbst wenn Sie verloren haben, weil Sie auf Ihren Broker gehört haben oder auf die Empfehlungen eines Beratungsdienstes oder auf ein falsches Signal des von Ihnen erworbenen Systems, sind Sie doch selbst verantwortlich, denn Sie haben sich dafür entschieden, darauf zu hören und danach zu handeln. Ich habe nie einen erfolgreichen Trader getroffen, der andere für seine Verluste verantwortlich gemacht hat.

Schwager, der Dutzende der erfolgreichsten Trader der Wall Street und der Chicagoer Börsen interviewt hat, ist zu dem Schluss gelangt, dass sie zwar ganz verschiedene Methoden anwenden – rein fundamentalistische oder ausschließlich technische oder auch kombinierte –, dabei aber deutlich bestimmte Gemeinsamkeiten aufweisen. Schwagers Beobachtungen und Empfehlungen, wie man das erreichen kann, was er als Market Wizardom bezeichnet, also als *„Magiertum der Märkte"*, sind die folgenden:

- Sie müssen sicher sein, dass Sie wirklich traden wollen. Viele Menschen stellen früher oder später fest, dass sie es in Wirklichkeit doch nicht wollen.
- Analysieren Sie Ihre Motive fürs Trading.
- Passen Sie Ihre Trading-Methode Ihrer Persönlichkeit an.
- Es ist unbedingt nötig, ein persönliches Profil zu entwickeln.
- Es ist nicht so wichtig, welche Art von Methode Sie anwenden, doch eine Methode brauchen Sie unbedingt.
- Die Entwicklung einer Methode ist harte Arbeit. Abkürzungen führen hier nur selten zum Erfolg.
- Seien Sie realistisch, was Ihre Trading-Ziele anbelangt. Wie Schwager schreibt: „Praktisch jeder kann beim Trading unterm Strich mit

Gewinn abschließen, doch nur wenige haben das Zeug zum Super-Trader. Aus diesem Grund kann man Trading-Erfolg vielleicht ein Stück weit erlernen, doch nur bis zu einem gewissen Grad."

- Gutes Trading erfolgt mühelos.
- Gutes Geldmanagement und Risikosteuerung sind unerlässlich.
- Riskieren Sie nie mehr als ein bis zwei Prozent Ihres Kapitals je Trade.
- Setzen Sie noch vor dem Einstieg Ihren Ausstiegspunkt fest.
- Fahren Sie Ihre Position herunter, wenn Sie längere Zeit Verlust machen. Wenn Sie einen bestimmten, vorher festgesetzten Prozentsatz Ihres Anfangskapitals verloren haben, sollten Sie aufhören, bis Sie wieder Vertrauen haben in Ihr Trading.
- Sie müssen einen Trading-Plan haben.
- Agieren Sie diszipliniert. Schwager sagt dazu: „Disziplin war wohl das Wort, das in meinen Gesprächen mit Ausnahme-Tradern am häufigsten fiel. Oft wurde es beinahe entschuldigend angebracht. Sie haben das sicher schon zigmal gehört, doch glauben Sie mir, es ist ungeheuer wichtig!"
- Eigenständiges Denken und Handeln ist entscheidend. Sie müssen in der Lage sein, Ihre Trading-Entscheidungen selbstständig zu treffen.
- Haben Sie Vertrauen in sich. Die Top-Trader sehen sich schon als Gewinner, bevor das Spiel überhaupt begonnen hat.
- Verluste sind unvermeidlich.
- Traden Sie nur, wenn Sie sich selbstsicher und optimistisch fühlen. Wenn Sie das Trading oder Ihre eigene Leistung negativ sehen, lassen Sie die Finger davon!
- Wer das Bedürfnis hat, Rat zu suchen zu einer eingenommenen Position, sollte das als Warnzeichen auffassen und aussteigen. Wie Schwager sagt: „Wer das Bedürfnis hat, sich Rat zu suchen, der hat nicht genügend Selbstvertrauen."
- Geduld ist das A und O. Wer auf die richtige Konstellation oder den viel versprechenden Trade wartet, der steigert seine Chancen auf ein erfolgreiches Ergebnis. Schwager warnt: „Hüten Sie sich vor allem davor, übereifrig Verluste aufholen zu wollen. Trading als Akt der Wiedergutmachung führt ganz sicher ins Verderben."

- Es ist wichtig, zu wissen, wie man eine Position aussitzt. Schwager rät: „Geduld ist nicht nur wichtig beim Warten auf den richtigen Trade, sondern auch beim Halten lohnender Positionen."
- Verfolgen Sie Ideen zum Senken von Trading-Risiken.
- Variieren Sie Ihren Einsatz je nach Marktsituation und Volatilität.
- Reduzieren bzw. vergrößern Sie Positionen. „Die meisten Trader verzichten auf diese Flexibilität, weil sie dem typisch menschlichen Wunsch nachgeben, absolut im Recht zu sein", schreibt Schwager.
- Beständigkeit ist wichtiger, als im Recht zu sein.
- Haben Sie keine Angst davor, dumm dazustehen.
- Manchmal ist Handeln wichtiger als Denken. Wie Schwager feststellt: „Es ist vielleicht klug, auf eine Kurskorrektur zu warten, bevor man einsteigt, doch es ist oft falsch. Dann nämlich, wenn Ihnen Ihre Analyse oder Ihr Bauch sagen, dass Sie jetzt einsteigen sollten, statt auf eine Korrektur zu warten."
- Es ist in Ordnung, wenn man nur einen Teil einer Bewegung erwischt. Nur weil man nicht den ganzen Trend ausnutzen kann, sollte man nicht auf den Trade verzichten.
- Maximieren Sie Ihren Gewinn, nicht die Zahl der erfolgreichen Trades.
- Hängen Sie sich nie an eine Position. Es ist wichtig, immer schnell zu reagieren und Trades, die sich als Blindgänger erweisen, ohne Skrupel abzublasen. Im Klartext: Steigen Sie aus!
- Nehmen Sie ohne Bedenken auch Teilgewinne mit.
- Hoffnung ist der Vorbote eines Verlusts.
- Sie dürfen keine Scheu haben vor unbequemen Trades. Anders ausgedrückt: Entscheiden Sie sich für den richtigen Trade, nicht für den bequemen.
- Wer Angst hat, verliert. Sie werden nicht gewinnen, wenn Sie aus Verzweiflung einsteigen. „Wenn Sie mehr aufs Spiel setzen, als Sie sich leisten können, vervielfachen sich die emotionalen Fallstricke des Tradings", meint Schwager.
- Denken Sie zweimal darüber nach, wenn der Markt Sie allzu leicht davonkommen lässt. Oft ist das ein Zeichen dafür, dass Sie ursprünglich richtig gelegen haben.
- Aufgeschlossenheit ist ein typischer Charakterzug unter Top-Tradern. Schwager zitiert einen Trader, der das folgendermaßen auf den

Punkt bringt: „Der menschliche Geist muss sein wie ein Fallschirm – er taugt nur, wenn er sich öffnet."
- Wenn es Ihnen nur um die Spannung geht, lassen Sie die Finger davon.
- Ein Trader muss gelassen an die Sache herangehen, wenn er Erfolg haben will.
- Spitzen-Trader wissen, wie sie Stresssituationen beim Trading erkennen und ausmerzen.
- Hören Sie auf Ihre Intuition.
- Top-Trader lieben das Trading. „Im Gespräch mit den interviewten Tradern hatte ich ganz stark den Eindruck, dass viele von ihnen glaubten, sie seien fürs Trading bestimmt – es sei, sozusagen, ihre Lebensaufgabe", schreibt Schwager. „In den Interviews war ich immer wieder erstaunt über den Überschwang und die Leidenschaft, die die ‚Magier der Märkte' fürs Trading empfanden." Kurz, Ausnahme-Trader streben nach Größe.
- Es ist möglich, den Markt zu schlagen.
- Trading ist nicht alles im Leben. Wahren Sie eine gesunde Perspektive.

Dauerhafter Trading-Erfolg verlangt vollen Einsatz

Jeder maßgeblichen Veränderung liegt der übermächtige Wille zum Erfolg zu Grunde. Nehmen Sie nur den Einsatz eines Michael Jordan, einer Steffi Graf oder eines Tiger Woods. Hochleistungs-Trader sind bereit, alle Unannehmlichkeiten und Tiefschläge hinzunehmen, um ihr Ziel zu erreichen. Kurz gesagt, sie haben keine Angst, vorzutreten und ihr Spiel zu machen. In *The Mental Game* schreibt Sportpsychologe

James Loehr: „Der Wille zum Erfolg wurde immer wieder als treibende Kraft zum Gewinnen eines Wettkampfs identifiziert." Einsatzbereitschaft entsteht aus der Liebe zur Sache und aus der Disziplin, stets den nächsten folgerichtigen Schritt zu machen. Bei meinem Gespräch mit Pat Arbor, dem Vorstandsvorsitzenden des Chicago Board of Trade, hat er Folgendes gesagt: „Welche Schlüsseleigenschaft muss der erfolgreiche Trader besitzen? Es läuft alles auf eine Sache hinaus: Unterm Strich ist es die Disziplin, die zählt. Disziplin ist die Kontrolle über das eigene Verhalten, was auch immer um Sie herum vor sich geht. Wer über Disziplin verfügt, der wird auch Erfolg haben. Ohne Disziplin ist man ein Verlierer."

Jack Sandner, Vorstandsvorsitzender der Chicago Mercantile Exchange, hat ebenfalls über die Bedeutung von Disziplin gesprochen:

Ich könnte mich lange darüber auslassen, was Disziplin heißt. Das differiert sicher von Mensch zu Mensch, doch einer der wichtigsten Faktoren ist Konzentration. Man sagt, Trader führen ein gutes Leben. Sie fangen etwa gegen 8.30 Uhr an, und um 13.00 Uhr machen sie Feierabend und rauschen ab in ihren Luxuskarossen. Was die Leute nicht sehen, ist, dass auch nach dem Läuten noch viel passiert. Und die Leute sehen auch nicht, wie viel Energie es kostet, von Eröffnung bis Schluss voll konzentriert zu sein – und wer gut sein will, muss das. Ich kenne keinen halbwegs erfolgreichen Trader, der nicht in jeder Sekunde tausendprozentig bei der Sache ist. Es frisst einen förmlich auf. Trader, die nichts taugen, nehmen sich Zeit. Sie sind faul und machen zwar gelegentlich Gewinn, doch auf lange Sicht werden sie scheitern. Meiner Ansicht nach erfordert es ungeheure Aufmerksamkeit und Konzentration auf das, was man gerade tut. Wer das nicht bringt, der wird auch keine Disziplin entwickeln. Diszipliniert vorgehen kann nur, wer sich konzentriert. Wegzugucken und seinen Gedanken nachzuhängen ist eben allzu einfach.

Voller Einsatz ermöglicht es dem Trader, entschlossen zu agieren, eine beständige Leistung zu bringen und auch Spaß, Freude und Herausforderung zu empfinden.

Was alle Trader gemeinsam haben

Alle Trader, vom Neuling bis zum alten Hasen, haben folgende Dinge gemein: Sie verlieren, sind frustriert, fühlen sich zwischendurch miserabel und empfinden Stress und Enttäuschung. Doch die Top-Trader haben es am einen oder anderen Punkt ihrer Karriere geschafft, sich eine persönliche, innere Strategie zuzulegen, um solche Negativerfahrungen zu überwinden. Sie haben sich bestimmte, ganz unterschiedliche Methoden angeeignet, um psychisch problematische Kurven ihres Wegs zu meistern. Sie haben sich zu mentaler Härte und Widerstandsfähigkeit erzogen angesichts der subjektiven Anforderungen, die von ihnen selbst und vom Markt an sie gestellt werden. James Loehr empfiehlt Weltklassesportlern folgendes Programm, das meiner Ansicht nach für Trader ebenso geeignet ist:

- *Geben Sie alles.* „Die Steuerung des Einsatzes ist eine Technik, die man erlernen muss", meint Loehr.
- *Setzen Sie Humor ein, um Spannungen abzubauen.* Loehr stellt fest, dass „Humor oft eine ansonsten vielleicht fatale Situation in die richtige Perspektive setzt und Spass und Überlegenheit bringt. Als Faustregel gilt: Solange Sie Ihren Humor behalten, haben Sie die Kontrolle."
- *Agieren Sie aggressiver, wenn der Druck zunimmt.* „Die normale Reaktion wäre Zurückhaltung", bemerkt Loehr. „Doch die Strategie, zu warten, bis der Gegner von sich aus einen Fehler macht, führt langfristig in die Sackgasse... Beim Tennis zählt jeder Punkt, Angriff ist angesagt. Wenn man ein Match verliert, sollte man es mutig verloren haben." Die typische Reaktion eines Traders auf eine Verlust-Position ist, zu warten und zuzusehen statt aggressiv mit dem Markt zu gehen. Top-Trader spielen auf Sieg; sie spielen nicht, um nicht zu verlieren.
- *Genießen Sie den Kampf.*
- *In Krisen- und Notsituationen offenbart sich echte mentale Härte.* Beim Sport muss man mental zu der Erkenntnis gelangen, dass man sich emotional gefordert fühlt, wenn es hart auf hart geht.

- *Machen Sie sich ein positives Bild.* Wer sich als selbstbewusst, e-nergiegeladen, entschlossen und überlegen darstellt, der wird sich schlussendlich auch so fühlen.
- *Hadern Sie nicht mit vergangenen Fehlern.* Schauen Sie nach vorne und machen Sie voller positiver Erwartungen weiter.
- *Bleiben Sie flexibel.* Für den Sportler wie für den Trader gilt, dass man immer noch ein Ass im Ärmel haben sollte. „Seien Sie stets auf der Suche nach der Schwäche, die Ihnen neuen Halt gibt, haben Sie immer eine kreative Antwort auf ein hartnäckiges Problem parat", rät Loehr. Für den Trader ist Meisterschaft letztendlich gleichbedeutend mit der fortlaufenden Entwicklung einer Siegermentalität. In Form einer Gleichung sieht das folgendermaßen aus:

Meisterschaft

Meisterschaft = Seele des Samurai + Geist des Jazz

Die folgenden Worte aus dem *Tao Te Ching* runden dieses Thema treffend ab: „Mit Erwartung wird man immer das Hintergründige wahrnehmen, ohne Erwartung die Grenzen", und „Sie siegen und rühmen sich dessen nicht; sie siegen, ohne Aufmerksamkeit zu erregen."

Die Siegermentalität

Erwarten Sie nur das Beste von sich

Meiner Erfahrung nach geht es den meisten Tradern beim Trading psychologisch nicht um den Gewinn. Es geht ihnen darum, nicht zu verlieren. Doch wer so agiert, dass er nicht verliert, der wird es nie zu

Spitzenleistungen bringen. Um das Beste aus sich herauszuholen, muss man gewisse Risiken auf sich nehmen. Man muss entschlossen und mechanisch vorgehen und alles tun, um zu gewinnen. Wer immer nur das Beste von sich erwartet, der schafft und bewahrt sich eine flexible Geisteshaltung ungeachtet der Trading-Umstände und Bedingungen. Der Härtetest erfolgt jedoch nicht, wenn alles gut läuft, sondern wenn es hart auf hart geht, wenn der Druck zunimmt und das Trading aus dem Ruder zu laufen droht. Gerade dann ist es wichtig, immer das Beste von sich zu erwarten, gegründet auf Einsatzbereitschaft, harte Arbeit und Disziplin. Mit anderen Worten, ein auf Kompetenz basierendes Selbstvertrauen sorgt dafür, dass Sie entspannt, konzentriert, aufmerksam und hoch motiviert bleiben und, vor allem, nicht die Kontrolle verlieren.

Das erinnert mich an eine Geschichte, die ich einmal über den berühmten Pianisten Arthur Rubinstein gehört habe. Er war schon über 90, als er gefragt wurde, ob ihm beim Spielen nie die Hände wehtäten. Rubinstein überlegte kurz und entgegnete dann: „Nur, wenn ich falsche Töne spiele!" In schwierigen Zeiten offenbart sich, wie erfolgreich Sie wirklich sind bei der Umsetzung Ihrer psychologischen Trading-Vorbereitung. In der Literatur gibt es zahllose Beispiele für psychologische Studien, die die Bedeutung einer positiven Einstellung für die Leistungsfähigkeit bestätigen. Wie man sich selbst sieht, wird letztendlich darüber entscheiden, was man erreicht. Trading konfrontiert uns ständig mit Fallen und Chancen. Wer das Beste von sich erwartet, ist optimal gerüstet dafür, mit beidem konstruktiv umzugehen.

Setzen Sie sich persönliche Standards

Knute Rockne hat immer gesagt: „Zeig mir einen Menschen, der mit Anstand und Würde verliert, und ich zeige dir einen Versager." Beim erfolgreichen Trading geht es nur um den Gewinn, innerlich wie äußerlich. Der Schlüssel zum Trading-Erfolg liegt, wie wir gesehen haben, darin, sich als Sieger zu fühlen, selbst wenn man vorübergehend Verluste erleidet, wobei diese Verluste als Teil eines globalen Prozesses des Selbstvertrauens und der Kompetenz eingeordnet werden.

Sich persönliche Standards zu setzen, ist hier das Mindeste. Alle Top-Trader wissen das. Sie lesen und studieren laufend und verbessern ihre Technik. Sie tun alles, was nötig ist für beständigen Erfolg. Wie ein Top-Trader gesagt hat: „Ich versuche, mein Trading jeden Tag um ein Prozent zu steigern. Aufs Jahr gerechnet ist das eine imposante Zahl." Klarheit über Ihre Motive und konkrete Zielsetzungen ermöglichen Ihnen, beständig einen hohen Leistungsstandard aufrechtzuerhalten. Indem Sie genau festlegen, welche Schritte nötig sind, um Ihre Ziele zu erreichen, können Sie routinemäßig die nötigen Maßnahmen treffen. Wie der englische Autor Thomas Huxley in *Technical Education* schreibt: „Das große Lebensziel ist nicht Wissen, sondern Handeln." Wer sich einen Leistungsstandard setzt, der trägt dazu bei, seine Ziele zu erreichen und zu erfahren, wie viel Erfolg er erreichen kann. Es war der TV-Produzent Grant Tinker, der gesagt hat: „Erst werden wir die Besten sein, dann werden wir die Ersten sein." Diese Philosophie eignet sich fürs Trading genauso wie fürs Erreichen höchster Einschaltquoten. Harte Arbeit, Disziplin und Überzeugung vereinen sich zu einem Standard, der letztendlich Erfolg bringen wird.

> „Gelegenheiten werden oft deshalb nicht wahrgenommen, weil sie im Blaumann daherkommen und nach harter Arbeit aussehen."
>
> Thomas A. Edison

Stellen Sie sich innerlich auf Erfolg ein

Um ein erfolgreicher Trader zu werden, müssen Sie eine angenehme und förderliche Atmosphäre schaffen, in der Ihr Trading gedeihen kann. Auch müssen Sie einen positiven inneren Dialog mit sich selbst beginnen auf Grundlage aufbauender Vorstellungen von visueller, akustischer und kinesthetischer Natur. So erreichen Sie ein hohes Maß an Selbstvertrauen und Konzentration. Außerdem werden Sie das Trading dann als mühelos, genussvoll und steuerbar empfinden.

Die Formel für einen erfolgreichen inneren Dialog:

● *Entwerfen Sie Bilder voller Selbstachtung*, damit Sie sich selbst als wichtig empfinden.

● *Kritisieren, verurteilen und beschweren Sie sich nicht.* Jammern und klagen bringt Sie nicht weiter.

● *Ihr Ego muss vom Trading unberührt bleiben.* Konzentrieren Sie sich auf Ihr Entwicklungspotenzial als Trader – auf die Erweiterung Ihres Wissens und die optimale Umsetzung Ihrer Strategie.

● *Arbeiten Sie stets auf eine Verbesserung hin.* Ihr Ziel sollte möglichst gute Leistung sein, nicht Perfektion. Hervorragende Leistungen führen zu Ergebnissen, Perfektionismus dagegen zu Magengeschwüren.

● *Konzentrieren Sie sich auf Lösungen.* Hacken Sie nicht auf Problemen herum. Ermitteln Sie Ihre persönlichen Stärken und Schwächen. Lernen Sie aus Ihren Fehlern.

● *Übernehmen Sie persönliche Verantwortung für alle Entscheidungen – nicht nur für die gelungenen Trades.*

● *Opfern Sie Ihre Zeit mit Verstand.* Konzentrieren Sie sich auf das, was funktioniert. Der Schwerpunkt sollte stets auf der praktischen Seite liegen, nicht auf der theoretischen.

● *Vor allen Dingen:* Denken Sie stets daran, dass es immer einen nächsten Tag gibt. Versuchen Sie nicht, alles auf einmal zu schaffen.

Kommunizieren Sie effektiv mit sich selbst

Auf unseren Trading-Seminaren präsentieren wir immer die folgende Zusammenstellung der wesentlichen Bestandteile einer effektiven Kommunikation mit sich selbst:

● Haben Sie Selbstvertrauen. Folgen Sie Ihren Instinkten; Sie werden angenehm überrascht sein.

● Seien Sie aufgeschlossen für alle Möglichkeiten.

● Zeigen Sie Selbstachtung. Seien Sie nicht zu streng mit sich. Denken Sie positiv.

- Fordern Sie sich heraus durch realistische Zielsetzungen, die Ihr Selbstvertrauen steigern.
- Humor ist lebenswichtig. Denken Sie daran: Trading ist ein Spiel, das viel Spaß machen kann.
- Glauben Sie an sich selbst und an Ihre bewährte Methode. Das ist unabdingbar.
- Das Interesse wird wachgehalten durch beständige Weiterentwicklung Ihrerseits.
- Die Ergebnisse müssen stets im Mittelpunkt stehen.
- Enthusiasmus und Energie bringen Sie in die richtige Verfassung. Genießen Sie es.

Effektive Kommunikation mit Ihnen selbst setzt Ihr Potenzial frei und verhilft Ihnen zu mehr Erfolg durch richtige Trading-Entscheidungen.

> „Der Geist ist heilig und unerreichbar für alles Schädliche, wenn man es nicht selbst hineinlässt."
>
> Ralph Waldo Emerson

Erkennen Sie sich selbst

> „Es ist am leichtesten im Leben, man selbst zu sein. Am schwierigsten ist es, so zu sein, wie andere Menschen es erwarten."
>
> Anonymous

Im Talmud heißt es: „Veränderung und Verbesserung sind zwei völlig verschiedene Dinge." Um sich beim Trading oder bei anderen Dingen zu verbessern, müssen Sie sich zunächst selbst erkennen und in Erfahrung bringen, was Sie motiviert. Welche Rolle in Ihrem Leben bereitet Ihnen Angst, Zweifel und Sorgen? Wie wichtig ist es für Sie, Erfolg zu haben? Je mehr Sie über sich selbst wissen, desto bessere Leistungen werden Sie aus sich herausholen – ob beim Trading oder in anderen Bereichen. Wenn Sie Ihre aktuelle Motivation durchschauen, können Sie sich Ziele setzen und Überzeugungen, die Ihnen zum Erfolg verhelfen. Durch Konzentration auf das, was für Sie wichtig ist, und durch die Erziehung zu laufendem positiven Dialog mit sich selbst im Hinblick auf Ihre speziellen Überzeugungen, Gefühle und Vorstellungen können Sie festlegen, wie Sie als Individuum in Ihrem Inneren externe Marktphänomene verkörpern.

„Geh, soweit du sehen kannst. Wenn du dort ankommst, wirst du weiter sehen."

Anonymous

„Wer sich mit dem Tao identifiziert, wird vom Tao gleichermaßen willkommen geheißen."

Laotse, *Tao Te Ching*

Die Top-Trader

Achten Sie auf die psychologischen Perspektiven und die positive mentale Einstellung dieser Trader.

Bruce Johnson

Für mich ist die psychologische Seite einer der wichtigsten Faktoren – man ist, wie man geboren wurde. Ich wurde in Berwyn, Illinois, geboren. Hinzugehen und ein $2-Millionen-Haus in Northbrook zu kaufen, ist nicht mein Ding. Ich denke, viele Trader gewöhnen sich an einen gewissen Lebensstil. Diesen wollen sie dann erhalten. Ich glaube, man muss mit sich selbst im Reinen sein, nicht mit dem Rücken zur Wand stehen. Ich glaube, es ist wichtig, sich nicht einen Haufen Pflichten aufladen zu lassen, wie etwa $20 000 im Monat für eine Hypothek aufzubringen oder dergleichen. Es ist sehr wichtig, sich nicht selbst psychischen Druck zu machen. Ich weiß, das klingt jetzt sehr simpel, doch man muss den Markt einfach nehmen, wie er ist, und damit leben. Konzentrieren Sie sich auf den Markt, nicht auf tausend andere Dinge, die Ihnen im Kopf herumgehen und mentalen Druck auslösen.

Jeffrey Silverman

Ich versuche, mich mehr darauf zu konzentrieren, ob ich die viel sagenden Zeichen von Expansion auch tief in mir drin entdecke – ob meine Gegenspieler auch wirklich bereit sind, das Handtuch zu werfen. Das ist der richtige Moment, um seine Position glattzustellen und das Geld einzustecken.

Viele andere verinnerlichen Sprüche wie zum Beispiel den von Charlie McVane: „Wenn die Enten quaken, gib ihnen Futter." Das ist eine interessante Aussage, und wenn man sich die Enten bildlich vorstellt, wie sie kreischen und quaken und einen am Hosenbein zupfen, wenn jeder förmlich nach der Position schreit, die Sie da haben, dann muss man sich sagen, das ist jetzt ein Haufen Enten, die Futter wollen. Und bis man die Enten nicht gefüttert hat, hat man auch noch kein Geld verdient. Bruce Johnson hat das etwas anders formuliert: „Man muss Erdnüsse verkaufen, wenn der Zirkus in der Stadt ist." Das trifft es sogar noch etwas besser, denn der Zirkus bleibt nicht für immer. Wenn Erdnüsse gefragt sind, sollte man sie schleunigst an den Mann bringen. Wenn man die Enten nicht selber füttert, dann wird es schon ein anderer tun, und wenn sie genug haben, gehen sie ihrer Wege. Ich habe zwar noch nie gesehen, dass Enten von sich aus abgezogen wären, doch wenn man ihnen nur genug Futter vorwirft, werden sie sicher irgendwann ihrer Wege gehen.

Jack Sandner

Ich glaube, wenn jemand viel Schlimmes erlebt und überstanden hat, dann kann aus ihm ein guter Trader werden. Ich habe in meinem Leben viel Schlimmes erlebt und überstanden. Ich wurde sozusagen positiv konditioniert auf bestimmte Verhaltensweisen. Ich finde immer einen Weg, Krisen zu überstehen. Deshalb fiel mir Trading nicht schwer, denn hier kommt es laufend zu Krisen, und man muss wissen, wie man sie übersteht, wie man im Spiel bleibt und vorwärts kommt. Ich denke, wenn man in seinem Leben viel durchgemacht hat, gewinnt man Selbstvertrauen und sagt sich, egal, wie schlecht es aussieht: „Ich steh' das schon durch." Ich kann mich an viele Fälle erinnern, wo es beim Trading total schief lief. Wenn ich hier nicht die richtige Einstellung gehabt hätte, hätte ich vielleicht klein beigegeben und mich getrollt auf Nimmerwiedersehen.

Leo Melamed

Es ist die größte Herausforderung, die es gibt. Es ist die interessanteste Herausforderung weit und breit. Es ist gleichermaßen Berufung und Steckenpferd, denn es verschlingt einen mit Haut und Haaren. Und der Lohn rechtfertigt die Risiken!

105

Doch mit einem Acht-Stunden-Tag ist es dabei nicht getan. Es beschäftigt Sie rund um die Uhr. Man steht die ganze Zeit über mitten im
Geschehen. Ich denke, das ist ein großer Reiz für alle, die sich von
ihrer Mentalität und ihrem Typ her dafür eignen. Außerdem braucht
man Risikokapital, so dass man seinen Lebensstil auch dann erhalten
kann, wenn man den einen oder anderen Verlust macht. Wer das Zeug
hat zum Erfolg, wird die Erfahrung nicht missen wollen.
Ich muss aber warnend anmerken, dass das Trading auch maßgebli-
che Schattenseiten hat. Vielleicht haben Sie keinen Erfolg. Es ist
schließlich gar nicht so einfach. Halten Sie sich nicht für einen Versager, wenn Sie Verluste machen. Vielleicht haben Sie dafür in anderen
Bereichen des Lebens Erfolg. Auch wenn man als Trader erfolglos
bleibt, kann man auf anderen Gebieten durchaus Großes erreichen.
Der andere Nachteil, den der erfolgreiche Trader zu spüren bekommt,
ist, dass das Leben um einiges kürzer wird. Das ist ganz sicher so,
wenn auch nicht etwa an Jahren. Man wird genauso alt wie in jedem
anderen Beruf, den man sich auswählt, doch für den Trader vergeht
die Zeit viel schneller. Ein Tag, eine Woche, ein Monat geht vorbei wie
im Flug. Es ist so aufregend. Es ist so interessant, dass die Tage kürzer werden, dass das Leben kürzer wird. Das ist schlecht. Vielleicht
leben Sie genauso lang wie Ihr Freund, der eine Straße weiter wohnt
und einen Bürojob hat, doch trotzdem ist sein Leben länger!

Tom Shanks

1985 war ich short im Yen, als übers Wochenende eine G7-Konferenz
ins Haus stand, infolge derer der Dollar deutlich abgewertet wurde. Die
Konferenzteilnehmer kamen zu der Ansicht, dass der Dollar zu stark
war. Die Kurse auf dem Devisenmarkt eröffneten am darauf folgenden
Montag erheblich höher, und ich erlitt einen empfindlichen Verlust.
Dessen Ausmaß versetzte mir einen gehörigen Schock. Ich konnte mir
nicht denken, was ich falsch gemacht hatte. Unverzüglich ging ich in
Gegenposition, wie mir mein System signalisierte. Später habe ich mit
Richard Dennis darüber gesprochen, und er hat mir versichert, dass
meine Short-Position aufgrund der Chart-Daten absolut gerechtfertigt

war. (Uns Turtles war beigebracht worden, fundamentale Einflüsse wie etwa eine G7-Konferenz zu ignorieren.) Ich erinnere mich noch, wie schwer es mir fiel, die ungünstige Bewegung zu verkraften und nach Anweisung des Systems in Gegenposition zu gehen. Eine der erklärten Maximen Richards war: „Tu, was schwer fällt." Nun, das ist mir ganz sicher schwer gefallen, doch es hat sich wirklich gelohnt. Der Devisenmarkt hat sich danach noch wochenlang in die gewünschte Richtung bewegt. Das war eine lehrreiche Erfahrung. Halte dich an deine Prinzipien, bleibe bei deinem System, und du wirst Erfolg haben.

Arlene Busch

Ich kann Schwerpunkte setzen und ich weiß, was ich will. Das habe ich immer gewusst. Ich gehörte nie zu den Leuten, die sagen: „Oh, ich weiß nicht, was ich mit meinem Leben anfangen, was ich werden will." Ich habe es immer gewusst. Und ich wusste immer, welche Schritte erforderlich waren und dass damit harte Arbeit, Einsatz und Disziplin verbunden war. Viele Leute sagen: „Ich wäre gern Präsident der Vereinigten Staaten." Doch sie wissen nicht, wie sie es anstellen sollen, aus ihrer aktuellen Lebenssituation ins Weiße Haus zu gelangen. Ich habe immer gewusst, was zu tun ist, und war bereit, den Preis dafür zu bezahlen. Sicher braucht man Glück, doch im Grunde hängt es von den eigenen Fähigkeiten ab. Man muss wissen, was man tut, man muss der Konkurrenz ins Gesicht sehen und da sein, wenn es ums Ganze geht!

Jerry Letterman

Mr. Letterman ist Mitglied des Index and Options Market der Chicago Mercantile Exchange. Er ist seit über zehn Jahren Parketthändler und arbeitet auf eigene Rechnung.

Meinen größten Erfolg an der Börse hatte ich beim Crash von 1987. Ich habe jede Menge Geld verdient. Es war großartig. Die Welt gehörte mir. Ich war 27 Jahre alt und hatte über Nacht ein Vermögen ge-

107

macht. Ich ging nach New York, wohnte in den feinsten Hotels, miete-
te mir Nobelkarossen, aß und trank in den exklusivsten Restaurants
und kaufte Schmuck. Ich gab das Geld mit vollen Händen aus und
hatte viel Spaß dabei.

Wenn ich morgen wieder eine Million verdiente, würde ich es diesmal
anders machen. Ich würde das Geld wegschließen und nicht einen
Pfennig ausgeben. Jetzt weiß ich, dass ich mit Höhen und Tiefen umgehen kann. Also versuche ich, immer auf dem Teppich zu bleiben. Ich
bringe mich ungern selbst in Schwierigkeiten.

Früher bin ich oft in ein Flugzeug gestiegen und irgendwo hin geflogen,
um dort zu leben wie ein Fürst. Das mache ich heute nicht mehr. Ich
bin ein richtiger Familienmensch, der sich gern mit seinen Kindern beschäftigt. Ich gehe zur Arbeit, verdiene mein Geld und lebe von einem
Tag auf den anderen.

David Lansburgh

Mr. Lansburgh ist Mitglied des Finanzterminmarkts. Er ist Par-
ketthändler und hat sich auf Schweizer Franken spezialisiert.

Zehn Jahre lang war ich Tennisspieler von nationalem Rang und
Namen. Ich bin überall im Land herumgereist, um Turniere zu spielen.
Ich denke, Trading hat viel Ähnlichkeit mit einem Spiel. Wenn ich gefragt werde, was einen guten Trader ausmacht, so sind das meiner Ansicht nach dieselben Eigenschaften und Attribute, die einen erfolgreichen Sportler auszeichnen. Ich bin überzeugt davon, dass Erfolge in
einer Wettkampfsportart besonders gute Voraussetzungen schaffen
fürs Trading. Trading ist ein Spiel. Man spielt gegen andere Trader und
gegen sich selbst.

Für mich ist es eine sportliche Disziplin, mich auf dem Markt zu engagieren. Ich richte mich bei dem, was ich tue, nicht nach anderen Tradern. Natürlich reagiere ich, wenn ich bestimmte Dinge geschehen
sehe. Doch ich bewahre mir meine Schwerpunkte und nutze aus, was
der Markt mir bietet. Ich agiere auch gegen den Markt, doch ich verliere nie den Respekt vor ihm.

Meiner Ansicht nach liegt der Schlüssel zum Trading-Erfolg in Disziplin, Intuition, guten Instinkten und Aggressivität – und darin, zu wissen, wann man sich geirrt hat und entsprechend zu handeln. Meinun-
gen sind hier nicht gefragt. Ich habe niemals eine Meinung. Ständig
fragen mich die Leute, was ich meine. Je weniger ich meine, desto
besser. Man muss sich nur auf das Marktgeschehen konzentrieren und
entsprechend reagieren.

Tom Grossman

Im Nachhinein war es wohl ein Glück für mich, dass mein Vater ein
guter Spieler war. Ich habe ihn beobachtet und gelernt, dass die meisten Menschen nicht wissen, wie man spielt. Das ist es, was den Unterschied macht zwischen einem Spieler und einem Verlierer. Die meisten Leuten gehen zum Rennen oder ins Casino, weil es sie „high"
macht, weil sie in Stimmung kommen. Oder sie spielen, um die schnelle Mark zu machen – für mich das Gegenstück zum „guten Spieler".
Für andere ist es eine kostspielige Freizeitbeschäftigung. Rückblickend fasziniert mich damals wie heute bei meinen jetzigen Ge-
schäften vor allem das Vergnügen, jemandem überlegen zu sein. Das
Endergebnis – das Geld – ist dabei zweitrangig. Das ist für mich ausschlaggebend, diese Überlegenheit – weil man beim Rennen besser
getippt hat oder weil man aufgrund seiner Kenntnisse einer Sportart
die psychologische Stimmung einer Mannschaft analysiert hat, ganz
egal. Zu wissen, wann man wirklich die besseren Chancen hat, ist eine
Kunstform. Als ich mit meinem Vater zum Rennen ging, das dürfen Sie
mir glauben, hat er nach einer erfolgreichen Wette oft vierzig Rennen
verstreichen lassen, ohne zu setzen. Doch wenn er seiner Sache sicher war, empfand er ungeheure Freude bei dem Gedanken an seinen
Vorsprung vor den anderen. Die Zeit bis zum Rennen gab ihm dabei
viel mehr als der eigentliche Gewinn. Natürlich hat er sich gefreut,
wenn er richtig gelegen hatte, doch das Gefühl der Überlegenheit,
wenn er geduldig darauf wartete, bis der Sieger feststand, das war der
eigentliche Kick. Ich denke, die Konzentration auf den Vorgang als solchen statt auf das Ergebnis war mir beim Trading eine große Hilfe.

Mike Dever

Beim Trading habe ich gelernt, dass ich normalerweise alles nutzen kann, wenn ich es objektiv betrachte und richtig angehe. Trading ist eine der ganz großen Herausforderungen des Lebens. Viele andere Dinge im Leben sind viel einfacher, weil man mehr Kontrolle darüber hat. Beim Trading hat man zwar eine gewisse Kontrolle, wenn man mit einem System arbeitet, doch ein Stück weit hängt der Erfolg immer ab von einer chaotischen Kraft, einer zufälligen Chance, die man nicht unter Kontrolle hat. Es unterscheidet sich wirklich sehr stark von allen anderen geschäftlichen oder privaten Vorhaben – wie fliegen lernen, Autorennen fahren, Skifahren und diese Dinge. Dabei weiß man, dass man immer besser wird, je härter man arbeitet. Das trifft aufs Trading nicht unbedingt zu.

Trading wird stets ein Teil von mir sein. Ich denke, viele wird es überrascht haben, dass ich, nachdem ich aufgehört hatte, nach Gutdünken zu agieren, nie wieder darauf zurückgekommen bin. Es hat sicher etwas Einzigartiges. Man fühlt sich wirklich, als habe man Zukunftsvisionen. Es gab Zeiten, da bin ich morgens aufgewacht und wusste schon, was ich am Markt unternehmen würde, und es lief den ganzen Tag über großartig. Es hat einfach geklappt! Monatelang ging Tag für Tag für Tag alles nach Plan. Wenn man aus dem Bauch heraus agiert, ist das einfach toll. Es ist Klasse, und ich wusste nicht, ob ich mit einer voll mechanischen Methode die gleiche mentale Befriedigung erreichen könnte. Doch es klappt.

Toby Crabel

Ich bin ans Trading ganz ähnlich herangegangen wie ans Tennisspielen. (Toby war dreimal bester Spieler Amerikas und Tennisprofi.) Ich bin bei der Beschaffung von Informationen immer sehr diszipliniert vorgegangen. Ich habe immer fleißig trainiert, fast schon besessen. Ich habe viel mehr trainiert als jeder, den ich kannte. Ich wünschte nur, ich hätte beim Tennis schon so viel über meine Psychologie gewusst, wie ich mir beim Trading angeeignet habe. Sicher wäre ich viel wettkampf-

110

stärker gewesen. Aber es ist ja ein alter Hut, dass man im Nachhinein immer schlauer ist.

Scott A. Foster

Als Trader, der aus dem Bauch heraus agierte, habe ich die von mir entwickelten Trading-Modelle und die Regeln, nach denen ich lebte, ständig abgewandelt. Ich war auf der Suche nach Bestätigung. Ich wusste aus meinen Studien der klassischen Logik, dass eine universelle Aussage stets eine individuelle Aussage beinhaltet, doch nicht umgekehrt. Und da ich nie alle Daten berücksichtigen, nie alle Informationen beschaffen konnte, wie sollte ich da Gewissheit bekommen? Diese Erkenntnis brachte mich auf die Wahrscheinlichkeit. Das war der einzige Weg!

Pauschal könnte man also sagen, ich habe zunächst mehr gefühlsmäßig agiert und allmählich ein objektiveres Regelsystem entwickelt und gehe inzwischen zu 99 Prozent nach einem systematischen Ansatz vor. Der ist jedoch nicht mathematisch. Ich führe keine Berechnungen durch oder verwende Algorithmen oder Gleitende Durchschnitte oder dergleichen.

Mein Ansatz ist, dass man den Markt nur dann erfolgreich bearbeiten kann, wenn man überlegen ist, einen Vorteil hat vor allen anderen. Ich habe während meiner Trading-Karriere zwei verschiedene Ansätze ausgetestet. Einer basiert auf Korrelationen. Man entdeckt zwei Märkte im Gespann, beobachtet, wie sie sich in entgegengesetzte Richtungen bewegen, und springt dann von einem auf den anderen um, etwa von Bonds auf S&P. Man springt von einem zum anderen und versucht, der Konkurrenz stets einen Schritt voraus zu sein, indem man die nächste Korrelation oder fehlende Beziehung zwischen zwei Märkten entdeckt.

Der zweite Ansatz, den ich auf die Märkte anwende, bezieht sich nicht auf einen bestimmten Markt, sondern beruht auf der Identifikation von Ineffizienzen auf allen freien Märkten, egal ob für Futures, Optionen oder Aktien. Je objektiver und systematischer meine Arbeit wurde, desto mehr tendierte ich zu diesem Ansatz. Diese Sichtweise hat viele

Kritiker. Sie sagen: „Erzählen Sie mir nicht, dass Sie S&P-Futures mit Mais vergleichen wollen." Und ich sage dann: „Nein, nein, das will ich natürlich nicht, doch andererseits stehen während einer Hausse möglicherweise nur Daten über S&P-Futures zur Verfügung." Ich habe festgestellt, dass, wenn die Schlusskurse bei S&P-Futures um 700, 800, 900 Punkte nachgegeben haben, der Markt am Folgetag mit großer Wahrscheinlichkeit das Vortagestief unterschreiten wird. Am nächsten Tag schien Pessimismus zu herrschen, und wenn sich der Markt genug bewegte, dann würden die Leute ihre Portfolios diesem neuen Trading-Niveau anpassen müssen. Statt Day-Trading zu betreiben hielt ich meine Short-Positionen einen weiteren Tag und wartete darauf, dass der Markt die Tiefs durchbrechen würde.

Ich wollte wissen, ob das nur eine besondere Eigenheit des S&P-Marktes sei oder etwas, das mit S&P-Futures gar nichts zu tun hat, sondern vielmehr mit der Reaktion der Menschen auf Marktextreme. Also setzte ich mich an meinen Computer und fragte ihn, ließ ihn die vielen zur Verfügung stehenden Daten durchforsten. Sehen wir uns Mais, Sojabohnen und den S&P-Kassamarkt an. Sehen wir uns alle freien Märkte da draußen an und stellen wir unsere Hypothese auf die Probe.

Wir suchen in der Vergangenheit nach Hinweisen, ob wir es hier mit einer flüchtigen Erscheinung zu tun haben, oder aber mit einem Phänomen, das mit der Reaktion des Publikums auf Kursdaten zusammenhängt. So entstehen unsere Trading-Regeln. Wir arbeiten mit Hypothesen, die philosophisch sinnvoll erscheinen. Wir untersuchen ihre Wahrscheinlichkeit und testen dann quer Beet den gesamten Wust an Daten, um ihre Gültigkeit zu bestätigen.

Robin Mesch

Ich bin Musikerin und habe ernsthaft an eine Karriere als Künstlerin gedacht, bevor ich aufs College kam. Manche Leute sagen, dass das Erkennen von Formationen, wie ich es bei meiner Chartanalyse betreibe, eng verwandt ist mit der Fähigkeit, Partituren zu lesen und zu interpretieren.

Musik bewirkt einen Fluss im Inneren. Vielleicht werden dadurch die richtigen Bedingungen geschaffen für Intuition, die bei meiner Art des Tradings eine große Rolle spielt.

Musikalische Phrasen und Klänge und die Struktur der Melodien haben bestimmte Eigenschaften und erfordern eine Menge Detektivarbeit. Ich fühle mich genauso als Detektiv, wenn ich einen Kurschart analysiere. Ich achte auf Zusammenhänge. Ich suche nach Hinweisen. Oft spreche ich sogar mit dem Chart. Auf meinen Charts wimmelt es nur so von Studien, Bildern und Farbcodes, die mir helfen, unverzüglich zu sehen und zu fühlen, was mir der Chart sagen will.

Ich denke, ich gehe mit einer gehörigen Portion Humor und Heiterkeit ans Trading heran. Ich trenne es strikt von allem anderen. Ich habe nicht nur einen ausgeprägten Sinn für Humor, sondern auch eine leichte Hand. Ich glaube wirklich, dass es beim Trading einen Karma/Dharma-Aspekt gibt. Ich bin hundertprozentig überzeugt, dass die Erfahrung der Marktanalyse, der Zugang zu diesem Beruf, die Ermittlung eines Trades meiner Bestimmung entspricht, denn es verschafft mir viel Vergnügen und Erfüllung. Daher bin ich sorglos und nehme Verluste nicht persönlich!

David Gordon

Mr. Gordon ist ein unabhängiger Aktien-Trader in Los Angeles/Kalifornien.

Als Trader kann man immer Geld verdienen, doch wie und wann bereichert man sich als Mensch? Das ist alles, was ich will: genug Geld, um zufrieden zu leben und zu reisen und zu lesen. Das sind die Dinge, die wirklich glücklich machen.

Dazu fällt mir ein Zitat von Hippokrates ein: „Das Leben ist kurz, die Kunst lang, die Gelegenheit flüchtig, die Erfahrung trügerisch, das Urteil schwierig."

Solomon Cohen

Trading hat mich zu unterschiedlichen Zeiten unterschiedliche Lektionen über mich selbst gelehrt, je nach Ausgang einer Situation. Es hat mir gezeigt, dass ich sehr diszipliniert arbeiten kann, ohne Druck von außen. Es hat mich gelehrt, dass ich eigenständig arbeiten arbeiten kann. Es gelingt mir oft, das Puzzle zusammenzusetzen, selbst wenn ein paar Teile fehlen. Ich sehe in einem Trade Dinge, die sich anderen Tradern verschließen. Manchmal merke ich, dass mein Verhalten arrogant war.

Es ist faszinierend, wie wir beim Trading Dinge über uns erfahren, die wir vielleicht gar nicht wissen wollen. Lehrreich sind sie jedoch allemal.

„Auf seine Weise ist Basketball wie ein Zirkus. Wenn sich Spannung aufbaut, gebe ich oft eine Auszeit, um das Spiel zu verzögern und unseren nächsten Schritt zu planen. Die Spieler werden mitgerissen, versuchen ängstlich, sich zusammenzureißen, bevor sie ihren nächsten Wurf versuchen. Und wenn sie dann etwas getrunken und sich auf ihre Plätze gesetzt haben, was sehen sie dort auf dem Spielfeld? Junge Frauen, die Pompoms schwenken, Kinder, die in Go-Karts herumsausen. Erwachsene Männer in Gorilla-Kostümen, die versuchen, von einem Trampolin aus einen Ball zu erwischen.

Da erkennt man, dass Basketball ein Spiel ist, eine Reise, ein Tanz – nicht ein Kampf auf Leben und Tod. Genau so ist das Leben."

Phil Jackson, *Sacred Hoops*

TEIL IV

– DAS AUGE DES TRADERS –

Das Wesentliche ist unsichtbar

„Das große Tao erstreckt sich überall,
Aller Dinge Wachstum hängt an ihm,
Und es versagt sich ihnen nicht...
Es kleidet und nährt alle Dinge,
Doch es schwingt sich nicht auf zu ihrem Herrn...
Am Ende strebt es nicht nach Größe,
Und so wird das Große vollbracht."

Laotse, *Tao Te Ching*

Ich habe nun über 20 Jahre Trading hinter mir, zum Teil auf dem Parkett, und habe zumindest eines dabei gelernt: Trading ist ein blutiges, unberechenbares Geschäft. Je mehr man sich bemüht, es unter Kontrolle zu bringen, desto größer werden Frustration und Enttäuschung. Um es einfach auszudrücken: Trading hat eben seine Eigenheiten. Am besten geht man damit um, wenn man jeden Augenblick mit klarem Kopf und offenem Herzen auf sich zu kommen lässt und sich selbst nur als Komparsen in der glorreichen und undurchschaubaren Finanzkömodie der Menschen betrachtet.

Als ich vor über 20 Jahren mit dem Trading begann, hielt ich leider viel mehr von mir als andere und gab mich dem Trugschluss hin, dass es sich bei meiner neuen Aktivität ausschließlich um Anerkennung von außen dreht. Der Begriff „innere Befriedigung" war, wie ich im Rückblick feststellen muss, wohl recht fremd für jemanden, der um jeden Preis weiterkommen wollte, für den jeder Erfolg oder Misserfolg auf seinem persönlichen Selbstwertzeugnis eingetragen wurde.

Für mich bestand Trading in der Perfektionierung jedes mechanischen und technischen Details, nicht so sehr im Streben nach Bestleistung. Ich betrachtete Trading als neuen Gegner, den es zu bezwingen galt, als Feuer speienden Drachen, der sich zwischen mich und das Tal der Loire stellte und getötet werden musste! Es brauchte viele Jahre der Demütigungen und Verluste am Markt, bevor ich erkannte, dass Trading auf diese Art und Weise nur zu Frustration, Zweideutigkeit und Verwirrung führt. Unweigerlich wird man wertvolle Energien vergeuden, anderen die Schuld geben, sich ohnmächtig fühlen und schließlich ein erschüttertes Selbstbild mit sich herumtragen.

Als fortgeschrittener Student der Philosophie Ende der 60er, Anfang der 70er Jahre hatte ich das Privileg, bei William De Barry an der Columbia-Universität chinesische Philosophie zu hören. Er galt seinerzeit als einer der führenden China-Experten der Welt. Vor dem Unterricht las Dr. De Barry uns stets aus alten Manuskripten vor, manchmal einen Abschnitt aus den *konfuzianischen Analekten* oder ein oder zwei Verse aus dem *Tao Te Ching oder dem I Ching*. Die schlichte Weisheit dieser Texte wirkte sehr stark auf mich. Für jemanden mit klassischer Bildung, der eine akademische Karriere im Fachbereich Philosophie anstrebte, war es exotisch und faszinierend zugleich, wie der verbotene intellektuelle Apfel, aus dem verführerische, doch möglicherweise gefährliche Wahrheiten tropfen.

Es gibt ein paar schicksalhafte Begebenheiten im Leben, wenn ein mehr zufälliger erster Schritt uns tausend Meilen weit führt. So ging es mir damals. Ich verließ die magische Welt des Hörsaals von Dr. De Barry, um Jahre später auf dem Parkett der Chicago Mercantile Exchange die schlichten Weisheiten wiederzuentdecken, die er mir damals serviert hatte. Ich will Ihnen die Details ersparen, doch obwohl ich einer der führenden Market Maker auf dem Parkett war, wo ich auch begrenzt auf eigene Rechnung agierte, habe ich im Laufe der Zeit jeden erdenklichen Fehler gemacht. All die Dummheiten, vor denen in jedem Buch übers Trading gewarnt wird – ich habe sie alle durchexerziert!

Als ich die schlichte Wahrheit des Tao, die ich aus Jugendzeiten kannte, nach einer besonders langen Verlustperiode wiederentdeckte, wurden mir ein paar Dinge kristallklar:

● Trading stellt eine seltsame, doch in vielerlei Hinsicht vollkommene Metapher dar für das Verständnis des Lebens. Es beinhaltet viele komödiantische und dramatische Aspekte des Lebens. Es bietet Freude, Unsicherheit, Frust, Schmerz und Kampf. Die ultimative Herausforderung ist stets die absolute Selbstbeherrschung. Zum Trading gehört Mut, Optimismus und Disziplin, wenn man Erfolg haben will, und die intuitive Einsicht, dass hier nicht der Trader gegen den Markt steht, sondern vielmehr der Trader gegen sich selbst.

- Trading kann man als spirituelle Reise betrachten, die kein festes Ziel hat. Es ist ein fortlaufender Prozess der Wandlung, im Zuge dessen der Trader sich jeden Tag verändern und neu geboren werden kann. Durch Veränderungen von Verhaltensweisen und Überzeugungen wird ein grenzenloses Potenzial immer wieder neu definiert; es werden individuelle Kräfte freigesetzt, die sich ausdrücken wollen.

- Beim Trading erfährt man jedes mögliche Gefühl, jeden Gemütszustand. Erfolg bedeutet, den Mut zu haben, das Risiko des Scheiterns auf sich zu nehmen, um aus seinen Fehlern zu lernen und „vorwärts zu kommen".

- Trading-Erfolg ist eine natürliche Begleiterscheinung von Einsatzbereitschaft und Disziplin in einem Prozess, der auf Leistung, Engagement, Konzentration und Spaß beruht. Wie mein Großvater zu sagen pflegte: „Man tanzt nicht Hora, um auf die andere Seite des Parketts zu gelangen." Unsere Erfolge sind die natürlichen Produkte dieses Prozesses. Mit den Worten des *Tao Te Ching*: „Das Tao der Natur ist, zu dienen, ohne zu verwöhnen. Das Tao hoch entwickelter Individuen ist, zu handeln, ohne zu kämpfen."

- Wer sich auf den Prozess des Tradings konzentriert, der kann alle selbst auferlegten Hindernisse und Grenzen beim Trading überwinden.

- Trading kann zu einem spannenden Rohrschach-Test des Gewinnens von Selbsterkenntnis und der Überwindung innerer Dämonen werden.

- Trading kann man nicht nur des sicheren Lohnes für gute Leistungen wegen genießen, sondern auch einfach aus „Spaß an der Freude". Außerdem versteht sich Leistung hier eher wie eine Achterbahn als wie ein Personenzug, und Disziplin und Gier sorgen dafür, dass Sie sicher auf und ab fahren.

119

„Das große Tao erstreckt sich überall.
Aller Dinge Wachstum hängt an ihm,
Und es versagt sich ihnen nicht."

Laotse, *Tao Te Ching*

Was ich wirklich beim Trading gelernt habe, nachdem ich jahrelang dachte, ich wüsste alles und noch mehr, war, dass es noch einen anderen Weg gab, einen schlichten (aber nicht unbedingt einfachen), wirkungsvollen Weg, ein außergewöhnliches Leistungsniveau zu erreichen mit einer erfrischenden, genussvollen und erfüllenden Lebenseinstellung. Der legendäre Basketball-Trainer John Wooden hat gesagt: „Das, was man lernt, wenn man schon alles weiß – das ist es, was wirklich zählt." Für mich bedeutete diese veränderte Einstellung, dass ich nunmehr ganz entspannt ans Trading heranging, konzentriert und, was mich überraschte, viel bewusster. Ich verspürte nicht mehr den Drang, mit Macht etwas zu bewegen. Ich stellte fest, dass ich nicht mehr dagegen ankämpfte, Fehler zu machen. Ich erkannte, dass sie einfach unvermeidlicher Teil des Trading-Prozesses waren. Ich fühlte mich wirklich energiegeladen und konnte zum ersten Mal loslassen. Damit meine ich nicht, passiv loslassen oder aufgeben, es war eher so, dass ich mir die innere Freiheit ließ, selbstbewusst ans Trading heranzugehen und so angemessen zu reagieren auf jede neue Überraschung, die der Markt in petto hatte.

Warum Trader versagen

Viele Trader, sogar solche, die im Lauf ihrer Karriere Außergewöhnliches erreicht haben, scheitern letztendlich, weil ihre Leistung nicht beständig ist und sie ihre Trading-Ziele nicht erreichen. Es gibt fünf Gründe dafür, warum sie nicht zum Ziel kommen:

1. Grenzen durch die eigenen Überzeugungen
2. mangelnder Einfallsreichtum
3. mangelnde Konzentration
4. unklare Trading-Strategie
5. Mangel an körperlicher und geistiger Energie

1. Grenzen durch die eigenen Überzeugungen

Überzeugungen, die Sie einengen, sind beschränkende Ansichten des Traders von sich selbst, dem Markt oder beidem. Beispiele dafür sind:

● „Mir fehlt es an Überzeugung."
● „Ich weiß eigentlich nicht genau, was ich hier mache."
● „Wie kann ich jemals sicher sein?"
● „Ich kann meinem Urteil nicht trauen."
● „Ich glaube nicht an mich."
● „Es ist gar nicht möglich, auf diesen Märkten Geld zu verdienen."

2. Mangelnder Einfallsreichtum

Unter mangelndem Einfallsreichtum leidet ein Trader, wenn er von Angst, Nervosität oder Verwirrung geleitet wird. Trader berichten dazu Folgendes:

● „Ich bin wirklich sauer."
● „Mein Gott, ist das frustrierend."

- „Ich bin auch zu dumm."
- „Ich habe Angst."
- „Das ist mir eine Nummer zu groß."

3. Mangelnde Konzentration

Mangelnde Konzentration liegt vor, wenn Trades ausgeführt werden, obwohl der Trader nicht voll bei der Sache ist. Dann entgeht ihm oft Wesentliches. Trader berichten:

- „Immer kommt mir die ungünstige Ausführung in die Quere."
- „Im falschen Moment habe ich die Gedanken nicht bei der Sache."
- „Ich bin so abgelenkt beim Trading, dass ich nicht auf die wichtigen Dinge achte."
- „Ich habe den Überblick verloren."

4. Unklare Trading-Strategie

Unklare persönliche Trading-Strategien zeichnen sich aus durch Trades, die ganz nach Gefühl generiert werden. In diesem Zustand reduziert sich Trading auf eine rein emotionale Reaktion. Trader, die damit Erfahrung haben, beschreiben es so:

- „Ich habe keinen Plan."
- „Ich weiß nie, wann ich Gewinn mitnehmen sollte."
- „Meine Methode ist nicht konsequent."
- „Manchmal klappt es, manchmal nicht."
- „Woher soll ich wissen, wann ich aussteigen muss?"

5. Mangel an körperlicher und geistiger Energie

An körperlicher und geistiger Energie mangelt es, wenn das Angstniveau eines Traders so hoch ist, dass die resultierende Spannung zu physischer und psychischer Erschöpfung führt. Trader meinen dazu:

- „Die Märkte geben mir den Rest."
- „Ich habe einfach keine Kraft mehr."
- „Das Marktverhalten treibt mich noch zum Wahnsinn."

Was die meisten Trader vom Trading erwarten

Wenn ich Trader interviewe, frage ich sie immer nach ihren aktuellen Trading-Zielen. Die Antworten, ob von einem Neuling oder einem erprobten Veteranen, fallen erstaunlich ähnlich aus. Hier ein paar Beispiele:

- Ich möchte meine Gefühle beim Trading besser kontrollieren.
- Ich möchte Verluste selbstbewusster verkraften.
- Ich möchte beständigen Gewinn.
- Ich möchte ein System entwickeln, das meiner Persönlichkeit entspricht, und es unverzüglich umsetzen.
- Ich will meine Verluste kennen, doch nicht darauf herumreiten.
- Ich will mir stets bewusst sein, dass Trading ein Prozess ist, und nicht einfach eine Folge voneinander unabhängiger Trades.
- Ich wünsche mir ein hohes Maß an Selbstwertgefühl beim Trading.
- Ich möchte ein disziplinierter Trader sein.
- Ich will mich auf Gelegenheiten konzentrieren.
- Ich will Ausbrüche erwischen.
- Ich will alle Signale mitkriegen.
- Ich will meine Trades unter Kontrolle haben.

● Ich will Risiken begrenzen und Gewinnchancen maximieren.
● Ich will ein besserer Trader werden, indem ich laufend dazulerne – über mich selbst.
● Ich will mich voll aufs Hier und Jetzt konzentrieren.

Merkmale erfolgreicher Trader

● Geld ist sicher ein Faktor, doch nicht das Hauptmotiv fürs Trading.
● Der Trader hat sein Privatleben gut im Griff.
● Der Trader verfügt über eine konsequente Methode.
● Der Trader übernimmt persönlich die Verantwortung für Erfolge und Misserfolge. (Ja doch, ich weiß, Misserfolge gibt es nicht.)
● Der Trader ist ergebnisorientiert und konzentriert bei der Sache.
● Der Trader ist flexibel, widerstandsfähig und kann loslassen.
● Der Trader muss eine positive Grundhaltung mitbringen, positive Überzeugungen und eine positive Gemütsverfassung.
● Der Trader trifft seine Entscheidungen entschlossen.

Merkmale erfolgloser Trader

● Es geht nur ums Geld.
● Der Trader unterliegt Einschränkungen – am Markt wie im Privatleben.
● Ansatz und Methode des Traders sind nicht konsequent.
● Der Trader drückt sich vor der Verantwortung für seine Handlungen (schiebt alles auf ungünstige Ausführung, Marktsituation, etc., statt auf sich selbst).
● Der Trader ist konfliktbeladen.
● Der Trader hat eine negative Einstellung.
● Der Trader ist Perfektionist.
● Das Trading ist emotional motiviert.
● Der Trader ist unentschlossen.
● Der Trader ist stur und engstirnig.

Rezept für Trading-Erfolge

● Marktsignal identifizieren (z. B.: Punkt, Linie, Bereich, etc.).
● Mechanisch und selbstbewusst reagieren.
● Ein „gutes Gefühl" haben, weil es der richtige Trade war – egal, ob er Gewinn oder Verlust bringt.

Psychologische Barrieren

Leider können viele Trader dieses Rezept nicht problemlos anwenden, weil sie spezifische psychologische Barrieren überwinden müssen, die den Erfolg verhindern. In *The Innergame of Trading* haben Howard Abell und ich die folgenden 13 psychologischen Barrieren identifiziert, die erfolgreichem Trading entgegenstehen:

1. Verluste werden nicht definiert.
2. Verluste oder Gewinne werden nicht mitgenommen.
3. Man klammert sich an Überzeugungen.
4. Man fällt dem „Würger" zum Opfer.
5. Man agiert nach dem Kamikaze-Prinzip.
6. Man engagiert sich zu euphorisch.
7. Man zweifelt an seinen Zahlen.
8. Man verpasst Ausbrüche.
9. Man konzentriert sich nicht auf die Gelegenheiten.
10. Man will in erster Linie Recht behalten, nicht Geld verdienen.
11. Man setzt sein System nicht konsequent ein.
12. Man hat keinen klaren Geldmanagement-Plan.
13. Man ist nicht in der richtigen Gemütsverfassung.

1. Verluste werden nicht definiert

Niemand lässt sich auf einen Trade ein und rechnet von Vornherein mit einem Verlust. Niemand kauft, wenn er glaubt, dass der Markt seinen Gipfel bereits überschritten hat. Und umgekehrt: Niemand verkauft, wenn er erwartet, dass der Markt neue Höhen anpeilt. Doch dazu kommt es nur leider allzu oft. Deshalb sollte man beim Einstieg das Risiko genau definiert haben – und zwar nicht erst, wenn man seine Position schon bezogen hat, sondern vorher! Wer Angst hat vor Verlusten, sollte dem Markt fernbleiben.

2. Verluste oder Gewinne werden nicht mitgenommen

Ein alter Trading-Spruch sagt: „Der erste Verlust ist der beste." Und das stimmt. Verluste gehören dazu, ebenso wie die Gewinnmitnahme. Wenn der Markt das von Ihnen gesteckte Ziel erreicht hat, sollten Sie keine Angst davor haben, Kasse zu machen. Oft gibt einem der Markt keine zweite Chance.

3. Man klammert sich an Überzeugungen

Dieses Klammern ist wie ein Gefängnis. George Segal hat das treffend auf den Punkt gebracht: „Der Markt ist der Boss." Ob Sie glauben, dass Silber in den Himmel steigen und der Dollar in den Keller gehen wird, ist irrelevant. Der Markt sagt, was Sache ist. Hören Sie zu! Erinnern Sie sich an die Worte Yogi Berras: „Wenn man einfach zuschaut, kann man eine Menge beobachten."

4. Man fällt dem „Würger" zum Opfer

Es gibt da einen alten Henny Youngman-Witz, der Anfang der 60er Jahre erzählt wurde, als der so genannte Würger von Boston verhaftet worden war. Ein Mann sitzt in seinem Wohnzimmer und liest Zeitung,

als es an der Tür klopft. Er geht zur Tür, macht aber nicht auf, sondern fragt: „Wer ist da?"
Der Psychopath antwortet: „Der Würger von Boston."
Der Mann geht in seine Wohnung zurück, durchs Wohnzimmer weiter in die Küche und sagt zu seiner Frau: „Schatz, es ist für dich."
Mein Partner und ich verwenden diese Anekdote in unseren Seminaren als Analogie dafür, sich auf den Trade eines anderen einzulassen, über den man keine Kontrolle hat. Bekommt man einen Tipp, ist es in etwa so, als würde man dem Würger von Boston in die Hände fallen. Tun Sie das nicht! Dies ist eine der Türen, die Sie besser geschlossen lassen.

5. Man agiert nach dem Kamikaze-Prinzip

Damit ist ein Trader gemeint, der agiert wie ein Kamikaze-Pilot auf seinem 44. Einsatz. Gut möglich, dass Sie sich verraten fühlen oder sauer sind und Vergeltung suchen. Klinken Sie sich aus! Es wird nur eine Bruchlandung daraus.

6. Man engagiert sich zu euphorisch

Das ist das Pendant zum Kamikaze-Trading. Man fühlt sich absolut unbesiegbar, heldenhaft und unverwundbar. Doch Achtung!

7. Man zweifelt an seinen Zahlen

Sie haben Ihre Hausaufgaben gemacht – Tages-, Wochen- und Monatscharts ausgewertet. Sie haben Gann-, Fibonnaci-, Wycoff- und Elliot-Wellen-Charts studiert. Nun erreicht der Markt Ihren Wert, Ihre Linie, Ihren Bereich, doch Sie zweifeln noch!

8. Man verpasst Ausbrüche

Es ist, als sieht man am Flughafen den startenden Maschinen zu. Wäre es nicht schön, mit an Bord zu sein und ein aufregendes Ziel anzufliegen?

9. Man konzentriert sich nicht auf die Gelegenheiten

Es gibt so viele Ablenkungen auf dem Markt. Wie soll man da voll konzentriert bleiben? Wie soll man all die falschen Hinweise durchschauen?

10. Man will in erster Linie Recht behalten, nicht Geld verdienen

An jeder Börse rund um die Welt gibt es sie, die Trader, die herumrennen und ihren Kollegen zurufen, sie hätten das Hoch/Tief jeder Bewegung auf so gut wie jedem Markt ermittelt. Gewinn machen sie jedoch nicht dabei, und das ist der Sinn des Spiels. Denn im Grunde ist es ja nur ein Spiel.

11. Man setzt sein System nicht konsequent ein

Wenn das System taugt, muss man sich konsequent daran halten. Wie schon das Sprichwort sagt: „If you don't use it, lose it" – was man nicht benutzt, sollte man wegwerfen.

12. Man hat keinen klaren Geldmanagement-Plan

Sicher haben Sie das schon oft gehört: „Aber der Trade sah so gut aus, so sicher." Das Ziel des Geldmanagements ist der Erhalt Ihres Kapitals.

13. Man ist nicht in der richtigen Gemütsverfassung

Meiner Erfahrung nach sind 80 Prozent aller misslungenen Trades darauf zurückzuführen, dass der Trader nicht in der richtigen Verfassung war. Wenn die Gemütsverfassung stimmt, stimmen auch die Ergebnisse. Gene Agatstein hat das ebenfalls beobachtet: „Man bekommt die Resultate, die man haben wollte. Man produziert seinen Erfolg selbst."

Erfolgreiches Trading

Erfolgreiches Trading lässt sich im Wesentlichen so definieren: Man muss seine persönlichen psychologischen Barrieren überwinden und sich selbst so konditionieren, dass man Selbstvertrauen bekommt, ein hohes Selbstwertgefühl, unerschütterliche Überzeugung und Selbstsicherheit, was automatisch zu korrekten Urteilen und Gewinn bringenden Trades führt, wenn man dabei auch noch eine bewährte Methode einsetzt. Wie das geht? Nur Geduld.

In *Flow: The Psychology of Optimal Experience* schreibt Mihaly Csikszentmihalyi:

> Viele Menschen werden von tragischen Ereignissen aus der Bahn geworfen, und selbst der Glücklichste ist unterschiedlichen Arten von Stress ausgesetzt. Solche Schicksalsschläge zerstören aber das Glück nicht unbedingt. Es kommt darauf an, wie ein Mensch auf Stress reagiert, ob er aus dem Unglück etwas lernt oder sich gehen lässt... Subjektive Erfahrungen sind nicht eine Dimension des Lebens, sie sind das Leben selbst.

129

Lesen Sie den letzten Satz noch einmal, denn wer das – als Trader und als Mensch – erkannt hat, kann Trading- wie Lebensqualität maßgeblich steigern. Walt Kellys Cartoon-Figur Pogo hat das folgendermaßen formuliert: „Wir haben dem Feind ins Auge gesehen. Wir selbst sind es." Beim Trading geht es hauptsächlich um die Kontrolle psychischer Energien, um die Schaffung einer inneren Ordnung im scheinbaren Chaos. Der Punkt ist: Wichtiger als alles, was auf den Märkten geschieht, ist, wie man seine Trading-Erfahrungen verarbeitet.

Die Realität

Für den Trader gibt es nur eine Realität, nach der er sich richten muss – seine eigene, sein persönlicher Schwerpunkt. Sie müssen selbstständig und aufgeschlossen an die Sache herangehen, um Ihre Realität zu identifizieren und darauf zu reagieren und zu erkennen, dass Ihre sämtlichen Trading-Aktionen der Wahrnehmung dieser Realität entspringen. Ich bin der festen Überzeugung, dass alles, was wir im Markt zu sehen vermögen, seinem Wesen nach rein subjektiv ist und unsere Projektion in Wirklichkeit nichts anderes ist als das Spiegelbild unserer emotionalen und physischen Verfassung. Das ist nichts Neues. Viele andere – darunter Mark Douglas, Richard McColl, Charles Faulkner, Bill Williams, Van Tharp u. a. – vertreten einen ähnlichen Standpunkt. Wichtig ist dabei die Unterscheidung zwischen einer effektiven Marktrealität (einer, die funktioniert) und einer autistischen Phantasie. Außerdem muss man beim Trading von der Perspektive der eigenen Realität zum Ausschluss aller anderen Standpunkte gelangen. Viele glauben, dass bei der Beobachtung des Marktes (etwa für Bonds, S&P-Futures, Sojabohnen, etc.) alle dasselbe sehen, ein- und dieselbe Erfahrung teilen. Das ist vollkommen falsch! Wir betrachten vielleicht dieselben Märkte, doch wir sehen nicht die gleichen Dinge. Wir hören nicht das Gleiche und wir fühlen nicht das Gleiche. Nehmen Sie irgendetwas, das Sie in der „Realität" unternehmen. Wir sind vielleicht alle im selben Raum, doch nehmen die Realität in einem bestimmten Moment völlig unterschiedlich wahr. Sind Sie jemals aus dem Haus gegangen nach einer Nacht, in der Sie schlecht geschlafen haben? Sieht die Welt da draußen dann nicht ein wenig anders aus? Wenn man Zahnschmerzen hat oder, sagen wir, eine ordentliche Summe an der Börse verspekuliert hat, sieht da nicht alles ein bisschen anders aus? Oder wenn man verliebt ist? Dann ist die Welt doch wunderbar, nicht wahr? Worauf ich hinauswill, ist, dass die Realität nur eine Frage der Perspektive ist. Was bedeutet das nun fürs Trading? Nun, die Anwort liegt auf der Hand. Sie müssen beim Analysieren und Traden Ihre Realität erkennen. Und Sie werden sehen, unsere Marktrealität hängt, wie wir es gelernt haben, von dem ab, was zu einem bestimmten Zeitpunkt verfügbar ist. Wir projizieren unsere Realität. Wir können gar nicht anders!

Diese Erkenntnis wurde mir vor einiger Zeit ganz deutlich vor Augen geführt. Ich war im Aufzug auf dem Weg in mein Büro, und die Dame, die neben mir stand, schien fasziniert von meiner Krawatte. Sie schaute immer wieder hin und sprach mich schließlich darauf an. „Das ist aber ein hübsche Krawatte", sagte sie und besah sie sich genauer. Als sie den Aufzug verließ, fragte sie: „Das sind Erdbeeren, nicht?" Ich fand dieses Intermezzo so bemerkenswert, weil nämlich gar keine Erdbeeren auf der Krawatte waren, sondern fröhliche rotblaue Eisbären. Ich fand das ausgesprochen interessant und stellte mir vor, wie die Frau Erdbeeren kauft und auf ihren Küchentisch legt, um dann von einem Eisbären gefressen zu werden. Das wären saubere „Erd-Bären"! Das Komische ist, auf dem Markt passiert so etwas laufend. Wie viele Menschen sehen Bären, wo „in Wirklichkeit" Bullen sind. Wer seine Marktrealität kennt und bewährte Strategien einsetzt, die ausschließlich auf den eigenen Schwerpunkt ausgerichtet sind, und sich dann auch noch gut fühlt – das heißt, mühelos und mechanisch agiert –, der hat das ultimative Erfolgsgeheimnis für sich entdeckt.

„Viele Spieler meinen, sie müssten in den ‚großen' Dingen Besonderes leisten und anders sein. Infolgedessen weichen Sie von den Spielmustern und dem Stil ab, der sie erst groß gemacht hat. Wer zu früh zu hoch greift, dessen Strategie bricht zusammen. Aufs Ganze zu gehen ist besonders in kritischen Situationen verführerisch (um den Stress abzubauen), führt jedoch oft zum Misserfolg."

„Ein anderer strategischer Kardinalfehler ist, den Ball zurückzugeben, wenn es darauf ankommt, in der Hoffnung, dass der Gegner einen Fehler machen wird. Wer sich in der entscheidenden Phase vorsichtig und zurückhaltend verhält, um seine eigenen Fehler auf ein Minimum zu begrenzen, wird im Endeffekt nicht mehr erreichen als der, der gleich aufs Ganze geht. Wenn es gut läuft, sollte man den Dingen ihren Lauf lassen. Machen Sie weiter wie bisher, denn das hat Ihnen Erfolg gebracht. Generell gilt, am erfolgreichsten sind Sie dann, wenn Sie lernen, in kritischen Situationen offensives Tennis um jeden Punkt zu spielen. Sie greifen an und versuchen, Ihren Gegner dazu zu bringen, dass er einen Fehler macht, ohne selbst Schwächen zu zeigen. Wer das schaffen will, muss das Spiel beherrschen. Ihre Strategie für solche Fälle sollte bereits vor dem Spiel parat liegen. Doch sie wird zusammenbrechen, wenn sie davon abweichen."

James Loehr,
The Mental Game: Winning at Pressure Tennis

„Man kann sein Leben genießen, auch wenn die Umstände objektiv widrig und unschön sind. Wer seinen Geist beherrscht, kann buchstäblich an allem Freude haben. Eine Brise an einem heißen Tag, eine Wolke, die sich in der Glasfassade eines Hochhauses spiegelt, geschäftliche Verhandlungen, ein Kind, das mit einem Hundebaby spielt, ein Glas Wasser zu trinken – das alles können zutiefst befriedigende Erfahrungen sein, die das Leben bereichern."

Mihaly Csikszentmihalyi,
Flow: The Psychology of Optimal Experience

„Man sollte seine Denkmuster mit unnachgiebiger Disziplin kontrollieren. Fördere nur produktive Einstellungen... Du bist das Produkt dessen, was du deinem Körper und deinem Geist eingibst."

I Ching

„Es ist unsere Pflicht der Welt gegenüber, unser individuelles Potenzial auszuschöpfen."

Steven Spender, britischer Dichter

Die Top-Trader

Anthony Saliba

Mr. Saliba ist geschäftsführender Gesellschafter von Saliba Partners. Er ist Mitglied der Chicago Stock Exchange, des Chicago Board of Trade sowie der Chicago Mercantile Exchange.

Die technische Analyse hat mir persönlich nichts gebracht, denn es ist so schwer, Dinge zu prognostizieren, wissen Sie. Dann haben wir uns auf alle Spielarten der fundamentalen Analyse verlegt – welche Branchen viel versprechend waren –, und damit war man nichts anderes als ein Stock Picker. Auf diese Weise habe ich eineinhalb oder zwei Jahre lang mit den verschiedensten Strategien experimentiert, und selbst auf dem Parkett habe ich noch die jeweils aktuellen Strategien ausprobiert. So weit, so gut.

Es war also so, dass ich von bestimmten Strategien hörte, die andere Trader mit Erfolg einsetzten. Im Grunde kam es dabei nur darauf an, dass die Strategie Anfang und Ende hatte. Der Anfang ist die Ausführung eines Trades. An sich sollte man wirklich den zweiten Trade zuerst durchführen, denn dann weiß man schon beim Einstieg, wo man hin will. Dann wird man ihn entsprechend absichern. Für mich ist das der Einstieg in den Prozess der Bildung einer Position. Auf diese Weise steigt man ein und managt den Trade. Man muss ja schon beim Einstieg ans Geldmanagement denken, deshalb sichert man seine Trades ab. Wer auf jeden hört, der ihm die Geschichte vom Heiligen Gral erzählt, von der einzig richtigen Methode, der wird nur ganz am Rande ans Geldmanagement denken.

Solche Leute bezeichne ich als Trading-Amateure. „Gewinnen Sie das spektakuläre Börsenspiel ‚Publisher's Clearinghouse Sweepstakes', finden Sie die Methode, die für Sie die richtige ist." Trading-Erfolg ist nur eine Frage des Managements – Geld-Management und Strategie-Management.

Nachdem es viele verschiedene Trading-Einheiten gibt, je nachdem, mit welcher man zu tun hat, könnte man meiner Ansicht nach sagen, dass der Wert vor allem davon abhängt, wo man einsteigt. Wenn Sie auf $50 Millionen Einsatzkapital eine vernünftige Rendite erwirtschaften sollten, müsste der Tagesertrag schon stimmen. Bei dieser Strategie versuchen wir also, mit Aufschlag zu verkaufen und dafür zu sorgen, dass es uns nicht Kopf und Kragen kostet, wenn wir falsch liegen. Die Frage, die wir uns stellen, ist: Hat die Volatilität das richtige Niveau zum Verkaufen erreicht? Das erfordert Analysen, historische Analysen, die durch politische Veränderungen von heute auf morgen ihre Aussagekraft verlieren. Doch man verlässt sich immer mehr auf bestimmte Indikatoren und versucht, bewährte Werkzeuge zu verfeinern.

Während der NAFTA (North American Free Trade Agreement) [nordamerikanische Freihandelsvereinbarung – A. d. Ü.] war alles ordentlich aufgebläht, und ich glaube nicht, dass irgendeiner von uns damals gern zugegeben hätte, dass das die Gelegenheit war, mit Aufschlag zu verkaufen. Tatsächlich war es die beste Gelegenheit zum Abstoßen seit Jahren, doch nur wenige von uns waren bereit, dabei größere Risiken einzugehen. Damit ist uns eine tolle Chance durch die Lappen gegangen. Auch hier ist der richtige Einstieg die Kunst, die uns sagt, gut, schau dir an, was deine Analysen ergeben und berücksichtige die aktuellen politischen und finanzwirtschaftlichen Nachrichten, die die Börse beeinflussen könnten. Doch bei allen Überlegungen zum Einstiegsplan geht es im Grunde um den Ausstieg, um das Potenzial dieses Trades.

Anfang der 80er Jahre hieß es, Options-Trader würden versuchen, noch schnell die letzten Pfennige vom Boden aufzuheben, wenn schon die Bulldozer anrollen. Solche Pfennige finden sich überall. Sie liegen herum und warten nur darauf, aufgehoben zu werden. Es gibt Trader, die sich umschauen und sagen, meine Güte, wie kommt denn das? Ich kann es gar nicht glauben! Das ist zu schön, um wahr zu sein. Und hier wird die Sache interessant. Wieder andere Leute schauen sich um und sagen: „Das reicht mir noch nicht. Ich bücke mich nur für Scheine!"

Am Ende steht die Frage, was man sieht und wie hart man arbeiten will. Ich denke, erste und wichtigste Voraussetzung für den Trading-Erfolg ist die Bereitschaft, hart zu arbeiten und die Entwicklung einer funktionierenden Trading-Strategie. Ich sage das aus gutem Grund:

Das Leben verschenkt nichts, jedenfalls war das bei mir immer so. Und ich habe festgestellt, dass sich Einsatz immer auszahlt. Also bücken wir uns und lesen den lieben langen Tag lang all die Pfennige und kleinen Münzen auf, und wir müssen uns oft bücken, doch wir achten darauf, dass uns das niemals schwerfällt. Ein Freund von mir, ein Timing-Experte, rechnet sich so um die 12 Trades pro Jahr aus, Tops – gewöhnlich sind es acht bis zehn. Und dann bleibt er am Ball, solange der Trend anhält. So machen die großen Commodity Trading Advisors ihr Geld, denn sie sind nicht flexibel genug, um schnell aus- und einzusteigen. Doch wir haben einen anderen Ansatzpunkt. Unser Horizont ist kürzer. Wir sehen viele Strategien, die Gewinn bringen, und eine davon ist, dass es auf dem Markt den ganzen Tag über viele kleine Kurssprünge gibt. Aus meiner Sicht ist ein schnelles Achtel Gewinn bei 12 000 Aktien genauso gut wie ein Trend um einen Punkt bei tausend Aktien. Und Sie wissen ja, was Everett Dirksen gesagt hat: „Eine Milliarde hier, eine Milliarde dort, dann ist der Weg nicht mehr weit zum wirklich großen Geld."

Jeffrey Silverman

Es ist ausgesprochen interessant. Es gibt Verhaltensweisen, die ganz typisch sind für eine Unternehmernatur, die zu intuitiven Einfällen und Problemlösungen führen – zu Denkweisen, die jemandem mit juristischem Hintergrund, der in Präzedenzfällen denkt, oder jemandem mit buchhalterischem Hintergrund, der allein auf Fakten baut, oder jemandem mit betriebswirtschaftlichem Hintergrund, der statistische Werte braucht, total fremd sind. Und hier sind wir bei meinem Hintergrund und meiner Ausrichtung als Trader. Ich frage mich immer: „Welche pragmatischen Faktoren gibt es hier? Welche der maßgeblichen Faktoren, die sich aus dieser Analyse ergeben, sind die wesentlichen, die eigentlichen Triebkräfte? Welche Variablen liegen den vorliegenden Entwicklungen hauptsächlich zu Grunde?" Nebengeräusche gibt es immer. Die Statistiken selbst sind Nebengeräusche. In jeder Statistik gibt es zufällige Töne, doch wenn Sie wissen, wonach Sie suchen, werden Sie die Signale erkennen!

Im Grunde geht es nur um Selbstvertrauen, um den Glauben an den Trade, für den man sich entschieden hat, weil man seine Hausaufgaben gemacht hat. Das bedeutet auch, dass man die Nebengeräusche ignoriert, bis sie eine Lautstärke erreichen, die unsere finanzielle Existenz dermaßen beeinträchtigt, dass wir uns fragen müssen, was hier nicht in Ordnung ist.

Ich weiß noch, wie ich vor ein paar Jahren an der Gründung von Commodity Corp. beteiligt war. $2,5 Millionen wurden damals über Hayden Stone beschafft, einen der Vorgänger von Shearson im Futures-Trading. Man zog auch verschiedene Theoretiker zu Rate, darunter meinen Finanzprofessor an der MIT, Paul Cootner, einer der ganz Großen der Finanzwirtschaft. Ein anderer war der Nobelpreisträger Paul Samuelson, bei dem ich Wirtschaftsvorlesungen gehört hatte. Außerdem waren da noch mehrere andere hochkarätige Experten, die über Wesen und Charakter der Märkte geschrieben hatten. Innerhalb unserer Gruppe wüteten Grundsatzdiskussionen. Die Theoretiker vertraten geschlossen die Ansicht, dass das System eines der Commodities Corp.-Trader gar nicht funktionieren könne, weil es ein ganz einfaches Trading-System auf der Basis von Gleitenden Durchschnitten war. Wenn ich mich recht erinnere, hat Samuelson behauptet, dass es keinesfalls Gewinn bringend arbeiten würde. Seiner Ansicht nach konnten Trendfolgesysteme aufgrund der Effizienz der Märkte grundsätzlich nicht längerfristig erfolgreich funktionieren. Ich weiß noch, dass Cootner – übrigens der Autor von *The Random Walk Character of Stock Market Prices* – sagte, dass die Futures-Kurse sich nach ganz zufälligen Kriterien entwickelten. Dabei war Cootner aber ausgesprochen pragmatisch. Er meinte: „Wenn es funktioniert, sollten wir es einsetzen. Sobald es nicht mehr funktioniert, sollten wir es fallen lassen."

Es gibt Zeiten, in denen der Markt eindeutige Trends zeigt und andere, in denen er keinen Trend verzeichnet, steigt und fällt und den Trendfolger verschaukelt, bis er nicht mehr kann und resigniert aussteigt, bis der Markt wieder einen Trend entwickelt. Ich kenne kein System, das jedem Gewinn bringt. Viele Systeme funktionieren, ob sie nun rein fundamental oder ausgesprochen banal sind wie meines, oder technisch orientiert, basierend auf Charts und Software. Sie funktionieren. Dabei erfordern sie unbedingt ein gewisses Maß an Disziplin und müssen zu dem Trader passen, der sie einsetzt. Man muss sich selbst sehr gut kennen und um jeden Preis nach Plan vorgehen. Und es ist besonnene Detektivarbeit erforderlich. Das kann man sich nicht aneignen durch den Erwerb eines Trading-Programms oder die Übernahme der technischen Strategie eines anderen.

Wer ein erfolgreicher Trader werden will, muss aufgeschlossen sein für alle möglichen Informationen. Man muss seine Trades auch dort recherchieren, wo man auf den ersten Blick nicht hingeschaut hätte. So habe ich mich einmal nur deshalb gegen ein Engagement beim Yen entschieden, weil ich mit einem gemieteten Thunderbird in Florida herumgondelte. Wie Peter Lynch sagen würde: Die Antworten sind in unserer unmittelbaren Umgebung. Wir sehen, wie die Konjunktur immer mehr anzieht. Daraus ergeben sich alle möglichen Szenarien und Gelegenheiten. Denken Sie immer daran: Die interessantesten und profitabelsten Gelegenheiten ergeben sich, wenn die konventionelle Weisheit in die andere Richtung deutet.

Lassen Sie mich einen Punkt besonders betonen, den ich für wesentlich halte: Was ich mache, ist ausgesprochen einfach – ich suche nach dem perfekten System. Ich suche nach der Wahrheit in Angebot und Nachfrage. Sicher kennen Sie das tolle Gefühl, wenn man absolut richtig lag, obwohl es auf den ersten Blick absurd und verrückt wirkte.

Und der Lohn rechtfertigt das Risiko, denn darum geht es, wenn man entgegen der konventionellen Meinung agiert. Irrt man sich dabei, verliert man einen kleinen Betrag. Liegt man aber richtig, verdient man richtig Geld damit, einen Haufen Geld sogar! Sie erinnern sich: Die konventionelle Meinung, als Soros und Konsorten den Yen gedrückt haben, ging dahin, dass der Yen fallen würde. Sie drückten den Kurs von 95 Cents auf Werte um 89,87. Und dann explodierte er und sprang zurück auf das Ausgangsniveau. Zu dieser drastischen Rally kam es, weil sie alle da waren und Druck ausübten. Die Trades mit einem guten Verhältnis von Risiko und Ertrag sind die, die niemand für möglich hält, gerade weil sie so viel Gewinn versprechen.

Anders ausgedrückt sprechen wir hier von einem ausgesprochen vernünftigen, disziplinierten Ansatz, der auf der Theorie der entgegengesetzten Meinung beruht. Dabei muss man mit allen Sinnen versuchen zu ergründen, was in den Köpfen der Leute vorgeht, die sich auf dem

Markt engagieren, oder die die Commodity, die Währung oder das Zins bringende Produkt verwenden. Erst, wenn man etwas verinnerlicht hat, das anders und besser ist als die Hilfsmittel der Konkurrenz, erst dann kann man Geld verdienen. Man muss wissen, wo man ansetzen soll, und dann etwas Besonderes zu bieten haben, etwas, das nicht jeder hat. Ich bin hier völlig einer Meinung mit Peter Lynch und Warren Buffett. Man muss einen sechsten Sinn haben für die Körnchen Wahrheit, die da draußen herumliegen. Sie warten nur darauf, dass sich jemand bückt und sie aufhebt.

Donald Sliter

Mr. Sliter ist ein Mitglied des Index and Options Market der Chicago Mercantile Exchange und ist seit 1986 einer der führenden Market Maker bei S&P-Aktienindex-Kontrakten.

Beim Trading bin ich wie in Trance. Ich kriege gar nicht mehr richtig mit, was um mich herum vorgeht. Ich wende kaum den Blick von Uhr und Anzeigetafeln. Ich berücksichtige jeden einzelnen Tick. Ich sammle ein Ticket nach dem anderen. Der Stapel ist schon acht Zentimeter hoch, und beim einen oder anderen habe ich noch nicht einmal meinen Namen draufgeschrieben. Oft weiß ich gar nicht, worum es eigentlich geht. Ich glaube auf keinen Fall, dass ich klüger bin als alle anderen. Doch ich glaube, dass ich der disziplinierteste Trader auf dem Parkett bin – angesichts der großen Zahl von kurzfristigen Positionen, mit denen ich hantiere. Es hat mich viel harte Arbeit gekostet, soweit zu kommen, mehrere Jahre und jede Menge Mühe... Ich liebe das Trading, müssen Sie wissen. Ich werde sehr unglücklich sein, wenn es einmal von Computern übernommen wird, und das kommt bestimmt. Wahrscheinlich setze ich mich dann zur Ruhe. Der Computerhandel nimmt ja immer mehr zu, und ich bezweifle, ob ich damit umgehen kann.
Ich möchte es noch einmal betonen: Ich gerate buchstäblich in Ekstase beim Trading, bin gar nicht mehr richtig bei Bewusstsein. Und ich schwöre Ihnen, es ist besser als Sex! Ist der Trade beendet, schaue ich

auf meine Tickets und prüfe, wie ich abgeschnitten habe. Das würde ich auch tun, wenn ich Geld verloren hätte, denn es gehört dazu. Ich bin kein Revolverheld! Sicher geht es mir um Volumen, doch ich gehe sehr vorsichtig vor. Ich glaube, wer einsteigt und genug Zeit mitbringt und jeden Tag eisern Disziplin übt, der kann es schaffen. Ich versuche, jeden Trade mit Gewinn zu beenden. Ob ich nun 50 S&P-Kontrakte kaufe, 150 oder wieviel auch immer, selbst wenn ich schief liege, beim nächsten Trade versuche ich sofort, ein oder zwei Ticks je zehn Futures gutzumachen. Dann gefällt mir die Sache schon besser, und ich sehe zu, dass ich mit Gewinn abschneide. Damit habe ich ganz gute Erfahrungen gemacht. Man hat dann beim nächsten Einstieg ein gutes, ja, ein noch besseres Gefühl.

Leo Melamed

Meine größte Schwäche war wohl immer, mich von meiner Meinung mitreißen zu lassen, was mir über die Jahre oft passiert ist. Ich weiß, ich habe damit so manches Mal gegen die goldenen Grundsätze erfolgreichen Tradings verstoßen. Ich habe mich leiten lassen von meinen Eindrücken und dann am Ende gegen den Markt oder gegen den Ticker agiert, wie man so schön sagt. Das war meine problematischste psychologische Hürde.

Die Gefahr dabei ist, in der kritischsten Phase von Regeln und Logik abzuweichen. Man braucht einfach feste Regeln, ob sie nun instinktiv oder schriftlich niedergelegt sind. Jeder gute Trader verfügt über solche Regeln. Ich habe einmal gesagt, ein guter Trader ist wie eine Stradivari. Man kann darauf wundervoll spielen, doch wenn sie auch nur das kleinste bisschen verstimmt ist, klingt die Musik nicht mehr schön. Wer also wie eine echte Stradivari sein will und bleibenden Erfolg haben, im Spiel bleiben will, sozusagen, der muss darauf achten, dass alles aufeinander abgestimmt ist. In Krisenzeiten gibt es falsche Töne. Plötzlich schleichen sich emotionale Elemente in Ihre Überlegungen ein, und das führt letztendlich dazu, dass man nicht mehr logisch denkt.

Ja, man wirft seine Regeln über Bord. Man verletzt bewährte Prinzipien. Plötzlich bricht die gesamte Trading-Struktur zusammen und man tut Dinge, die man besser nicht getan hätte. Im Grunde reagiert man dabei auf Emotionen, auf die man normalerweise nicht reagieren würde. Mit anderen Worten: Die Stradivari ist verstimmt. Diese Erfahrung hat wohl jeder Trader auf die eine oder andere Weise schon gemacht.

Manchmal muss man dann einfach aussteigen. Es ist nicht gut, eine Position zu halten, die die Trading-Struktur so durcheinander bringt. Ich für meinen Teil, das habe ich gelernt, muss dann aussteigen. Ich muss reinen Tisch machen. Ich muss aus dieser speziellen Position heraus. Manchmal nur für ein, zwei oder drei Tage, manchmal auch für eine Woche, doch auf alle Fälle raus. Ich muss mental reinen Tisch machen, damit ich beim nächsten Trading-Versuch wieder voll auf dem Damm bin.

Auch der beste Trader macht einmal eine Dummheit. Dann muss man zugeben können, dass man sich geirrt hat. Man hat einen Fehler gemacht. Man hat ein Signal ignoriert. Man hat die eigenen Regeln verletzt. Es war dumm, was man da gemacht hat, und eigentlich sollte man clevere Dinge tun. Man muss ehrlich sein mit sich selbst.

Patrick Arbor

Mr. Arbor ist unabhängiger Trader und geschäftsführender Gesellschafter der Trading-Firma Shatkin, Arbor, Karlov & Co. Er ist Vorstandsvorsitzender des Chicago Board of Trade.

Intuition. Guter Instinkt. Wer das hat, der entdeckt jede New Yorker Sekunde eine Chance – und in New York gehen die Uhren bekanntlich schneller. Als erprobter Spread-Trader weiß man dann, was zu tun ist. Meinem Sohn Michael, der sich mit Bonds und Eurodollar befasst, sage ich immer, das einzig Gute am zunehmenden Alter ist, dass man etwas mehr Erfahrung hat, ein paar mehr gespeicherte Informationen in sich trägt. Das erinnert mich an Mark Twains Worte über seinen Vater: Mit 16 war er erstaunt darüber, wie dumm sein Vater war, doch als er 20 wurde, wunderte er sich, wie viel sein Vater in vier kurzen Jahren gelernt hatte.

Wenn man jahrelang im Geschäft ist, gelernt hat, sich richtig zu verhalten, und ehrlich ist mit sich, dann hat man Instinkt. Nennen Sie es
Intuition, Reaktionsvermögen – man lernt, sich selbst zu vertrauen.
Manche Leute lernt man kennen und hat sie schon gern. Das ist natürliche Sympathie. Manchmal ändert man dann seine Meinung. Doch
am Ende war der erste Eindruck meist richtig. Genauso ist es mit Trading-Entscheidungen. Normalerweise ist das Erste, was einem in den
Sinn kommt, die instinktive Reaktion, etwas zu tun oder zu lassen, die
richtige. Je mehr Sie darüber nachdenken, desto verworrener wird der
Trade.

Howard Abell

*Mr. Abell war Market Maker auf dem Parkett der Chicago Mer-
cantile Exchange und dem Chicago Board of Trade. Er leitete die
Abell Asset Management Corp. und ist nun geschäftsführender
Gesellschafter der Commodity Trading Advisor-Firma Tao Partners.*

Am Anfang meiner Karriere, als ich noch neu war in Chicago, hat mir
ein Veteran des Chicago Board of Trade gesagt, die besten Trader ver-
ließen sich ausschließlich auf ihre Intuition. Es ist eine Gabe. George
Segal zum Beispiel hat diese Gabe. Nach 25 Jahren Trading-Erfahrung
glaube ich, Intuition ist die Gesamtheit aller Stimuli, die in einem bestimmten Augenblick auf einen Trader einwirken, und die Gesamtheit
aller seiner Erfahrungen auf den Märkten.
Das Unterbewusstsein hilft bei der Entscheidungsfindung auf Grundlage der Stimuli, die man bewusst gar nicht verarbeiten kann.
George Segal etwa, der größte Trader, den ich kenne, konnte Positionen lange halten, über mehrere Wochen sogar, und eines Tages kam
er herein und sagte ohne ersichtlichen, objektiven Grund: „Alles abstoßen."
Oh, er sagte, dass er nicht schlafen konnte oder ein komisches Gefühl
hatte. Und meistens hatte er vollkommen Recht. Ob er jedes Hoch
oder Tief erwischt hat? Wohl nicht. Doch das ist nicht der Punkt. Der

Punkt ist, dass man wissen muss, wann man eine Position glattstellen sollte, ob gut oder schlecht. Bis jetzt gibt es noch keinen Marktindikator, der auch nur annähernd an Georges Intuition herankäme.

Ja, jeder Trader sollte genau wissen, wie er physisch und psychisch auf den Markt reagiert. Man muss die eigenen Gefühle durchschauen und die emotionalen Vorgänge beim Mitnehmen von Verlusten oder Gewinnen oder bei der Entscheidung, manchmal durch Angst motiviert, ob man einen Trade wagen sollte oder nicht.

Ein Trader sollte sich überlegen, wodurch ein Erfolg zum Erfolg wird – und ganz objektiv versuchen, kontinuierlich erfolgreich zu arbeiten – oder zumindest so oft wie möglich. Dazu muss man tief in sich hineinschauen, sich und den Trading-Ablauf unter dem Mikroskop betrachten.

Trading ist Selbsterkenntnis. Wie man vorgeht, sagt viel aus darüber, wer und was man ist. Der Lohn all der Selbstanalyse ist die Fähigkeit, das einzusetzen, was wir Intuition nennen. Ohne Einsatz – ohne die Bereitschaft, die nötige Zeit zu opfern, um festzustellen, wie man das Marktgeschehen innerlich verarbeitet – gibt es langfristig keine starke, zuverlässige Intuition.

Peter Mulmat

Mr. Mulmat ist Trader der dritten Generation an der Chicago Mercantile Exchange. Seine Spezialität sind S&P-Futures und Devisen.

Um Erfolg zu haben, muss man ständig neu bewerten, was man gerade macht, und beim Trading innovative Einfälle haben. Die meisten erfolgreichen Trader werkeln ständig an ihren Markttheorien herum. Sie passen ihre Strategien laufend an die aktuellen Gegebenheiten und Wahrnehmungen an. Jeder andere ist sozusagen einen Schritt hinterher. Man muss als Erster identifizieren, was im Moment gerade am wichtigsten ist. Morgen kann es schon wieder etwas anderes sein. Der größte Fehler ist die Selbstgefälligkeit. Es gibt immer Möglichkeiten, sein Vorgehen oder seine Methodik zu verbessern.

Das heißt nicht nur, dass man Ausschau halten sollte nach neuen Märkten und neuen Trading-Varianten. Im Devisengeschäft kann das zum Beispiel Day-Trading sein, oder der Einsatz von Optionen zum Absichern von Positionen.

Ich denke, man muss progressiv sein und ständig nach vorn schauen. Natürlich sollte man auf keinen Fall alles übernehmen, was gerade in Mode ist, und glauben, damit sei der Erfolg garantiert. Man muss lernen, die Dinge zu erkennen, und auf seine Trading-Intuition vertrauen. Stellen Sie sich darauf ein, dass Sie hart arbeiten müssen. Seien Sie bereit, sich mit den lehrbuchmäßigen quantitativen Werkzeugen vertraut zu machen, die Sie für erfolgreiches Trading benötigen. Denken Sie an die Konkurrenz, und die schläft nicht. Sie haben hier die Allerbesten gegen sich! Wie in jedem anderen Wettbewerb, ob sportlich oder akademisch, können Sie nur Spitzenleistungen bringen, wenn Sie vorbereitet sind.

„Wenn Sie Ihre Denkweise verändern, verändern Sie Ihre Überzeugungen. Wenn Sie Ihre Überzeugungen verändern, verändern Sie Ihre Erwartungen. Wenn Sie Ihre Erwartungen verändern, verändern Sie Ihren Standpunkt. Wenn Sie Ihren Standpunkt verändern, verändern Sie Ihr Verhalten. Wenn Sie Ihr Verhalten verändern, verändern Sie Ihre Leistung. Wenn Sie Ihre Leistung verändern, verändern Sie Ihr Leben!"

Walter D. Staples

TEIL V

– ZEN-MOMENTE –

Das Schlachtfeld im Inneren

„Beim Sport ist man dann besonders leistungsfähig,
wenn der Geist ruhig ist wie ein See aus Glas."

Timothy Gallway, *The Inner Game of Tennis*

„Der Weg der Natur ist schlicht und einfach, doch der
Mensch bevorzugt das Komplizierte und Künstliche."

Laotse, *Tao Te Ching*

Als Ed Seykota von Jack Schwager für *Market Wizards* interviewt
wurde, wurde er unter anderem gefragt, wie sich ein erfolgloser Trader
aus eigener Kraft in einen erfolgreichen verwandeln könne. Seykotas
Antort war kurz und bündig: „Ein erfolgloser Trader kann nur wenig
tun, um sich einen erfolgreichen zu verwandeln, denn ihm fehlt meist
der Wille zur Veränderung. Ansonsten wäre er bereits ein erfolgreicher
Trader."
Erfolgreiches Trading ist das Ergebnis jahrelanger harter Arbeit, Disziplin und Übung und der Erkenntnis, dass Risiko das Vehikel ist, das es
uns ermöglicht, positive Resultate zu erzielen. In *The Engine of Rea-
son, the Seat of the Soul: A Philosophical Journey into the Brain*
schreibt Paul M. Churchland das Folgende:

Das menschliche Gehirn mit einem Volumen von rund einem
Liter enthält eine Sphäre begrifflicher und kognitiver Möglichkeiten, die – zumindest nach einer Maßgabe – größer ist als das
gesamte astronomische Universum. Über diese bemerkenswerte Eigenschaft verfügt es, weil es die Kombinationen von
100 Milliarden Neuronen und deren 100 Billionen synaptischen

Verbindungen untereinander nutzt. Jede Verbindung von Zelle zu Zelle umfasst dabei ein Spektrum von stark bis schwach... Nehmen wir einmal vorsichtig an, dass jede synaptische Verbindung einen von zehn verschiedenen Stärkegraden annehmen kann, so ergibt sich daraus für das Gehirn eine Gesamtzahl der Verbindungsvarianten von grob gerechnet 10 hoch 100 Billionen. Und nun vergleichen Sie das einmal mit dem Maß von zehn hoch 87 Kubikmeter, das gewöhnlich für das Volumen des gesamten astronomischen Universums angesetzt wird.

Wir haben einen grenzenlosen Geist, der uns grenzenlose Möglichkeiten einräumt, unser volles Potenzial auszuspielen. Erfolg beim Trading und bei allen anderen Dingen im Leben ist das Ergebnis des Einsatzes, der von Hingabe und von dem Ehrgeiz abhängt, Großes zu vollbringen. Wichtig ist dabei, dass Ihnen stets bewusst ist, was Sie tatsächlich selbst unter Kontrolle haben:

● Sie können über Ihre Gedanken bestimmen, wenn Sie sich die Zeit lassen, sich ihrer bewusst zu werden und die Verantwortung dafür übernehmen.
● Sie können über Ihre Überzeugungen und Ihr Selbstbild bestimmen.
● Sie können über Ihr Bild von der Welt und Ihrem eigenen Platz und Ihrer Zukunft darin bestimmen.
● Sie können über die Ziele bestimmen, die Sie sich setzen, und über die Schritte, die Sie unternehmen, um sie zu erreichen.
● Sie können über Ihre Zeiteinteilung und Ihren Tagesablauf bestimmen.
● Sie können bestimmen, was Ihnen wichtig ist, mit wem Sie Umgang pflegen und worauf Sie sich konzentrieren.
● Sie können über das Umfeld bestimmen, in dem Sie lernen und leben.
● Sie können über Ihre Reaktion auf Situationen und Umstände – an der Börse und in anderen Bereichen – bestimmen, die Ihre Denk- und Handlungsweise beeinflussen.
● Sie können über den Einsatz, den Spaß und den Ehrgeiz bestimmen, den Sie für Ihre Unternehmungen mitbringen.

Sie sind also bis zu einem gewissen Grad tatsächlich der Kapitän Ihres Schiffes, der Herr über Ihre Seele.

„Wer sich selbst beherrscht, besitzt wahre Stärke."

Laotse, *Tao Te Ching*

„Sie stellen sich nicht selbst dar;
daher sind sie erleuchtet.
Sie charakterisieren sich nicht selbst;
daher sind sie außergewöhnlich.
Sie stellen keine Ansprüche;
daher werden sie gewürdigt.
Sie rühmen sich nicht;
daher sind sie erhaben."

Laotse, *Tao Te Ching*

Der Jazzmusiker Sidney Buchet hat gesagt: „Alle technische Perfektion nützt nichts, wenn man nichts zu sagen hat und seinem Inneren nicht freien Lauf lassen kann." In *Zen in the Markets* behauptet Ed Toppel, dass sich erfolgreiches Trading auf die folgenden sieben einfachen Regeln zurückführen lässt:

1. Stocken Sie nie Verlust-Positionen auf.
2. Stocken Sie nur Gewinn bringende Positionen auf.
3. Lassen Sie Gewinne laufen.
4. Begrenzen Sie Verluste schnell.
5. Warten Sie nicht auf das Top.
6. Warten Sie nicht auf den Boden.
7. Lassen Sie den Markt entscheiden, nicht Ihr Ego.

149

Ganz klar: Trading ist so schwierig, weil man nicht weiß, wie man diese Regeln konsequent und profitabel am Markt umsetzen kann. Toppel schreibt:

In jedem von uns existiert etwas, das unseren Geist beherrscht und uns davon abhält, nach dem Plan vorzugehen, den wir uns vorher zurechtgelegt haben. Dieses Etwas ist da, in jedem von uns, und es ist ausgesprochen mächtig, mächtiger als alles mir sonst Bekannte...

Wer sich freimacht von seinem Ego, der wird reich belohnt. In jeder Disziplin gibt es Superstars. Auf dem Markt produziert man Gewinne, in der Kunst Meisterwerke, im Sport wird man zum Landesmeister und kann horrende Summen verlangen. In jedem Beruf manifestiert sich die Beherrschung des Egos anders.

In *Zen in the Art of Archery* beschreibt Eugen Herrigel, wie ein Schüler der Schwertfechtkunst zum Meister wird:

Je mehr er versucht, seine Meisterschaft im Schwertfechten von seinen Gedanken abhängig zu machen... je mehr er das freie Wirken des Herzens einengt... Wie wird aus souveräner Technik meisterhafte Fechtkunst? Nur dadurch, dass der Schüler seine Zwecke und sein Ego hintanstellt. Er muss lernen, sich nicht nur von seinem Gegner zu distanzieren, sondern auch von sich selbst.

Der gleiche Gedanke findet sich auch bei Chungliang Al Huang und Jerry Lynch in *Thinking Body, Dancing Mind:*

Egozentrik ist ein Leistungshindernis. Das ständige Bedürfnis, egozentrischen Illusionen zu entsprechen, schafft unnötige, hinderliche Ängste und Spannungen. Der Sportler, der angeben und anderen imponieren muss, tut das normalerweise aus einem tief sitzenden Gefühl der Unsicherheit und Labilität heraus und verschwendet dabei viel Energie.

„Den Starken führt der Wagemut in den Untergang;
er entspricht nicht dem Tao.
Was dem Tao nicht entspricht, findet ein rasches
Ende."

Laotse, *Tao Te Ching*

„Das Tao der Natur
ist, zu dienen, ohne zu verwöhnen.
Das Tao hochentwickelter Menschen ist,
zu handeln, ohne zu kämpfen."

Laotse, *Tao Te Ching*

Noch einmal: Top-Trading ist das Ergebnis aller Bemühungen, allen Strebens und allen Einsatzes, sich zu verbessern. Die Kreativität von Gedanken und Handlungen projiziert sich natürlich und mühelos – optimistisch – aus einem Geisteszustand der Entspannung, des Selbstvertrauens und der Präsenz.

Die Siegermentalität

Optimismus;
Sinn für Spaß und Herausforderung

Zustand der inneren Gelassenheit,
charakterisiert durch
Intuition und Konzentration

hohes Leistungsniveau

151

Schlechte Leistungen sind die Folge eines ängstlichen, negativen, abwesenden Geisteszustands.

Der Gemütszustand der Leistungsschwäche

Angst, Furcht, Ärger, negative Einstellung

Schwächung der Konzentration, Anspannung
körperlicher wie seelischer Natur

niedriges Leistungsniveau

Der Punkt ist, dass Kreativität und Intuition die direkten Folgen aus einem Zustand der inneren Entspannung sind. In *Flow: The Psychology of Optimal Experience* hat Mihaly Csikszentmihalyi tausende von Menschen interviewt, um die Merkmale und Eigenschaften zu ermitteln, die Voraussetzungen sind für ideale Leistungsfähigkeit. Er bezeichnet diesen Zustand als „Fluss". Es ist eine kombinierte Erfahrung von erhöhter Konzentration und „Erblühen" (wie er sich ausdrückt) im Augenblick des vollkommenen Selbstvertrauens und der vollkommenen Selbstbeherrschung. Dieser Fluss wird charakterisiert durch innere Gelassenheit, niedriges Angstniveau, mechanisches, müheloses Handeln und gesteigerte Aufmerksamkeit und Konzentration.

Merkmale des Flusses

körperliche Entspannung
seelische Gelassenheit
Optimismus
energisches Auftreten
aktiver Einsatz
Spaß an der Freude
Mühelosigkeit
Angstfreiheit
automatische Reaktionen
Aufmerksamkeit
Selbstvertrauen
Selbstbeherrschung
Konzentration
Freiheit vom Ego

In *The Inner Athlete, Reaching Your Fullest Potential* beschreibt der ehemalige Olympionike Dan Millman, wie er die Bedeutung der inneren Gelassenheit für sportliche Leistungen entdeckt hat:

Ausgehend von der psychologischen Standardtheorie las ich aktuelle Studien über Motivation, Visualisierung, Hypnose, Konditionierung und Verhaltenstraining. Mein Verständnis wuchs, doch nur bruchstückhaft... Schließlich griff ich zurück auf meine eigene Intuition und Erfahrung, um die Anworten zu finden, die ich suchte. Ich weiß, dass Kinder im Vergleich zu Erwachsenen viel schneller lernen. Ich habe meiner kleinen Tochter Holly beim Spielen zugesehen, um herauszufinden, welche Fähigkeiten sie besaß, die den meisten Erwachsenen abgingen. Eines Sonntagmorgens, als ich beobachtete, wie sie in der Küche auf dem Boden mit der Katze spielte, sprangen meine Augen von dem Kind auf die Katze und zurück, und in meinem Inneren entstand ein Bild; in meinem

153

Kopf formte sich eine intuitive Vorstellung von der Entwicklung einer Begabung, nicht nur einer körperlichen, sondern auch einer emotionalen oder geistigen. Mir war klar geworden, dass Holly an das Spiel ebenso entspannt und absichtslos heranging wie die Katze, und ich begriff, dass Talent nicht so sehr auf dem Vorhandensein bestimmter Eigenschaften beruhte, sondern mehr auf der Abwesenheit mentaler, physischer und emotionaler Hindernisse, wie sie die meisten Erwachsenen erleben.

Betrachten Sie in diesem Zusammenhang den folgenden Dialog mit Donald Sliter, dem größten unabhängigen Parketthändler für S&P 500-Futures. *(The Outer Game of Trading)*.

F: Für Sie ist Trading also vergleichbar mit Basketball. Ich würde unseren Lesern an dieser Stelle gern mitteilen, dass Sie selbst während unseres Gespräches unglaublich energiegeladen wirken. Es hält Sie kaum auf Ihrem Stuhl! Es macht Ihnen offensichtlich Spaß, darüber zu reden. Ich habe den Eindruck, Trading ist für Sie ein einziges großes Vergnügen.
Don: Ich will Ihnen mal etwas sagen: Ich gerate förmlich in Extase. Ich handele täglich mit tausenden von S&P-Kontrakten, steige ein und steige aus, fühle mich großartig, nehme jede Gelegenheit wahr, die sich bietet... Ich bin schon ganz wild darauf, wenn ich morgens ins Auto steige. Ich kann es gar nicht abwarten, vor allem an besonderen Tagen wie Fälligkeitsterminen. Ich schaffe mich da richtig rein. Allein der Gedanke, dass jeder Tag anders ist, dass ich an jedem einzelnen Tag Herr meiner Lage bin, Herr meines Schicksals. Ich bin niemandem Rechenschaft schuldig. Entweder zahlt sich aus, was man tut, oder man bezieht Prügel.

Wenn Sie an den Zustand optimaler Leistungsfähigkeit denken, der im Sport gern als tranceähnliche Erfahrung bezeichnet wird, wo passt hier Ihr persönliches Trading-Verhalten hinein? Sind sie locker und entspannt beim Trading?

- Fühlen Sie sich innerlich ruhig und gelassen?
- Spüren Sie ein hohes Maß an Energie und Tatendrang?
- Sind Sie beim Trading stets auf das Hier und Jetzt konzentriert?
- Denken Sie optimistisch über Ihren Ertrag?
- Haben Sie Spaß daran?
- Agieren Sie mühelos?
- Reagieren Sie mechanisch auf Marktgegebenheiten?
- Sind Sie voll konzentriert?
- Verspüren Sie beim Trading starkes Selbstvertrauen?
- Fühlen Sie sich beim Trading ungeachtet der Ereignisse auf dem Markt stets überlegen?

Wie man gute Trading-Leistungen erzielt

Der namhafte Sportpsychologe James E. Loehr stellt in seinem Buch *Mental Toughness Training for Sports: Achieving Athletic Excellence* ein Vier-Punkte-Programm zum Erreichen sportlicher Höchstleistungen vor, das sich auch aufs Trading anwenden lässt.

1. Selbstdisziplin

Das ist das Stadium der Einsatzbereitschaft. Jede bemerkenswerte Leistung beginnt damit. Hier wird der Preis eingefordert: was man tun muss; welche Opfer nötig sind, um es zu schaffen; wie man seine letzten Reserven mobilisiert. Ja, es ist ein hartes Stück Arbeit – es bedeutet, dass man Dinge aufgeben muss, die einem am Herzen liegen, um ein höheres Ziel zu erreichen!

2. Selbstbeherrschung

Dieses Stadium beschreibt Loehr folgendermaßen: „Wenn man sich selbst diszipliniert, erlebt man ein wachsendes Maß an Selbstbeherrschung. Sie haben unter Kontrolle, was Sie tun, was Sie denken und wie Sie reagieren."

3. Selbstvertrauen

Selbstvertrauen ergibt sich ganz natürlich, wenn man sich um Selbstbeherrschung bemüht. Selbstvertrauen ist der unerschütterliche Glaube an Sie selbst und Ihre Möglichkeiten, an Ihre bewährten Trading-Methoden und an Ihre Fähigkeit, diese reibungslos umzusetzen. Es entstammt dem Wissen bzw. dem Glauben, dass man die Situation selbst kontrolliert und die volle Verantwortung trägt für alles, was passiert.

4. Selbsterkenntnis

Selbsterkenntnis ist einfach die Freisetzung Ihres gesamten Potenzials als Mensch und als Trader. Das bedeutet, man akzeptiert sich selbstbewusst und ermöglicht so, dass man intuitiv über den Markt und alles andere nachdenken kann. Im Grunde geht es darum, sich selbst laufend zu öffnen für alles, was man leisten kann. Der berühmte Basketball-Trainer John Wooden hat dieses Stadium treffend beschrieben: „Erfolg ist Seelenfrieden, der wiederum die direkte Folge der Genugtuung ist, zu wissen, dass man sein Bestes gegeben hat und die besten Leistungen erbracht hat, zu denen man fähig ist."

Mentale Konditionierung

Für Sie als Trader ist es meiner Ansicht nach genauso wichtig, zu lernen, wie man sich dazu erzieht, seine Gedanken und Handlungen beim Trading zu überwachen – auf seine innere Stimme und seine Gedanken zu hören; seiner inneren Stimme tolerant und freundlich zu begegnen und am Ende vielleicht sogar Faszination zu empfinden; Pessimismus und negative Gefühle zeitig zu bemerken und negative Äußerungen gegen optimistische, konstruktive auszutauschen. Den Tradern, mit denen ich arbeite, rate ich stets, schlechte Gewohnheiten nicht nur abzustellen, sondern zu ersetzen. Hier ein paar Beispiele für aufbauende Gedanken:

Aufbauende Gedanken

- Ich werde mein Bestes geben.
- Um meine Ziele zu erreichen, zahle ich jeden Preis.
- Ich will gewinnen, nicht nur „keine Verluste machen".
- Ich will .... und ich werde beim Lernen Spaß haben.
- Ich habe mich unter Kontrolle.
- Ich werde es schaffen.

Ein Punkt fehlt noch, nämlich die wirksamste Reaktion auf Fehler. Wenn man sich einredet, dass „Fehler nicht zu tolerieren sind" oder „ich niemals einen Fehler mache" oder, wie ich im Laufe der Jahre viele Trader habe sagen hören, „ich mich bestrafen werde für diesen Trade" (in Wirklichkeit werden meist die Personen gestraft, die der Trader gerade um sich herum hat), dann erwächst daraus hundertprozentig Frust, Enttäuschung und Ärger. Es ist einfach nicht wahr, dass man vollkommen sein muss, um Erfolg zu haben. Eine gesündere, effektivere Einstellung bringt die Erkenntnis, dass man Fehler machen muss, um zu lernen. Sagen Sie sich: „Wenn ich keine Fehler mache, dann lerne ich auch nichts." Entwickeln Sie das nötige Selbstvertrauen, zu wissen, dass Sie die wenigsten Fehler machen, wenn Sie entspannt und gelassen sind.

In *The Mental Game: Winning at Pressure Tennis* beschreibt James Loehr diesen Punkt im Hinblick auf Tennis. Wie schon gesagt, lässt sich das meiner Ansicht nach einwandfrei aufs Trading übertragen:

> Wenn Verlust gleichgesetzt wird mit Misserfolg, dann kann man den Kampf ums Selbstvertrauen nicht gewinnen. Ihr Motto sollte immer sein: „Gewinn oder Verlust, Hauptsache es geht voran." Auch ein Verlust kann letztendlich ein Erfolg sein, wenn man sich vor dem Spiel klare Leistungsziele gesetzt hat. Sie können aus einer Niederlage weit mehr lernen als aus einem Sieg. Wer seine Ziele richtig setzt, dessen Selbstvertrauen kann weiter wachsen, egal, wie das Spiel ausgeht.

Merkmale kreativen Denkens und kreativer Leistung

- Jeder Trader hat seine spezifische optimale geistige Verfassung.
- Nur, wenn sich der Trader wohl fühlt (ruhig, entspannt, etc.), kann er optimale Leistung bringen.
- Beständig gute Trading-Ergebnisse sind die direkte Folge der jeweiligen psychischen und physischen Verfassung.
- Was in einem Trader abläuft, kann er selbst bestimmen.
- Kämpferischer, kontinuierlicher Trading-Erfolg steht und fällt mit der Fähigkeit, die geistige Verfassung ungeachtet des Marktgeschehens nach den eigenen Vorgaben zu gestalten.

Zen-Momente und Trading

Die Schlüsselfaktoren, die den Trader zur Erfahrung kreativer Gedanken und Handlungen führen, sind die folgenden:

- mental und physisch entspannte Verfassung
- Selbstvertrauen
- Optimismus
- Konzentration auf den Augenblick

158

● energisches Auftreten
● erweitertes Bewusstsein und die Fähigkeit, loszulassen

Eine problematische Trading-Erfahrung ist meist die Folge eines der folgenden Faktoren:

● Verbissenheit, Versuch auf Biegen und Brechen
● Grübelei über vergangene Fehler und infolgedessen Angst vor der Wiederholung dieser Fehler.
● Experimentieren, Unsicherheiten in der Ausführung; die Angst vor der Entscheidung: „Einsteigen oder nicht einsteigen, das ist hier die Frage."
● Konzentration auf Gewinn oder Verlust; übervorsichtige Trading-Entscheidungen; ängstliches, „maschinelles" Vorgehen im Gegensatz zu mühelosem Trading.
● Unbedingt alles richtig machen wollen; bewusst statt unbewusst jede der eigenen Trading-Aktivitäten wahrnehmen; jeder Trade, jede Taktik wird zum Kampf auf Leben und Tod, stressbeladen und gezwungen.

Denken Sie an die drei Schlüsselfaktoren für erfolgreiches Trading:

1. Sie müssen sich gut fühlen, um gute Leistungen bringen zu können. Ihre Trading-Leistung ist das Spiegelbild Ihrer geistigen Verfassung, nicht umgekehrt. Wenn Sie sich gut fühlen, werden Sie auch gute Leistungen bringen.
2. Es liegt in Ihrer Hand, sich gut zu fühlen, Ihre seelische Verfassung zu verändern. Außergewöhliche Trading-Leistungen ergeben sich von ganz allein, ohne bewusste Überlegungen, wenn die richtige innere Atmosphäre geschaffen wurde – natürlich nur, wenn auch eine bewährte Methode und entsprechendes technisches Können gewährleistet ist.
3. Ein Top-Trader kann seinen emotionalen Zustand verändern, er kann von der linken Gehirnhälfte auf die rechte umschalten – die der Selbstwahrnehmung, die optimale Trading-Leistung garantiert und es

Ihnen ermöglicht, kreativ zu denken und zu handeln. Der Trader muss wissen, wie man eine positive innere Einstellung erzeugen und aufrechterhalten kann – ungeachtet der Marktgegebenheiten oder der Situation.

Zen-Momente
„Zustand der Entrückung"

„Der Geist erreicht dann extreme Schärfe, ist bereit, seine Konzentration auf das Wesentliche zu richten – nach links, nach rechts, in jede erforderliche Richtung. Wenn die Aufmerksamkeit abgelenkt und gebunden ist durch das Führen des Schwerts gegen den Feind, verspielt man die erste Gelegenheit, selbst den nächsten Zug zu machen. Man zögert, überlegt, und während man seinen Gedanken nachhängt, macht sich der Gegner bereit zum entscheidenden Streich. Eine solche Chance darf er nicht bekommen. Man muss der Bewegung des Schwertes in der Hand des Gegners folgen und den Kopf frei haben, um ohne störende Gedanken zu parieren."

Suzuki, *Zen and Japanese Culture*,
zur Vermeidung geistiger „Interferenzen"

Die folgende Beschreibung des Zustands des „Loslassens" basiert auf den Äußerungen mehrerer Sportler von Weltrang und wurde von Dr. Charles H. Garfield für *Peak Performance: Mental Training Techniques of the World's Greatest Athletes* zusammengestellt:

Plötzlich ist es, als würde alles für mich arbeiten. Ich verspüre kein Bedürfnis mehr, irgendetwas zu unternehmen. Ich funktioniere wie von allein, wie in einem schönen Traum, obwohl mein Körper sich sehr anstrengen muss. Ich denke nicht darüber nach, was ich tun sollte, oder wie ich es tun sollte. Alles passiert automatisch, als wäre ich auf einen Richtstrahl programmiert worden, der mein Nervensystem in Einklang bringt mit allem, was in mir und um mich ist. Ich bin wie abgeschottet gegen jede Ablenkung. Die Zeit verstreicht, und obwohl ich weiß, wie schnell alles um mich herum abläuft, spüre ich, dass ich genug Zeit habe, um angemessen und gut zu reagieren. Ich bin so eingebunden ins Geschehen, dass sich die Frage gar nicht stellt, ob ich das nötige Selbstvertrauen besitze oder nicht. Die Angst vor Misserfolg oder das Gefühl der Erschöpfung ist absolut kein Thema. Selbst ein Augenblick der Angst kommt mir zugute, wird automatisch zur konstruktiven Kraft. Auch Erfolg ist kein Thema, obwohl er gleichzeitig so naturgegeben und zum Greifen nahe wirkt. Ich fühle mich seltsam losgelöst von allem, was ich tue, obwohl ich voll dabei bin, eins mit meinen Bewegungen. Die Trennung zwischen Körper und Geist schwindet und ich fühle, wie beide ideal auf meine Wünsche und meine innere Stimme reagieren. Ganz deutlich nehme ich die Farben wahr, die Geräusche, die Gegenwart der Menschen um mich herum, das Gefühl, in diesem Augenblick eine Quelle der Kraft und Energie zu sein. Es ist wie ein Trance-Zustand, doch ich verliere dabei nie den Kontakt zu allem, was um mich und in mir vorgeht, als wären die normalen Barrieren zwischen mir und meiner Umwelt aufgehoben, als wäre ich ganz eins mit mir und der physischen Welt, mit der ich interagiere. Es ist ein wundervolles Gefühl, klar, voller Freude, realer als der Alltag, tief, eine Erfahrung, die mich für all die Mühe, die ich in meinen Sport investiert habe, mehr als entschädigt.

„Im Frühling geleiten dich
hunderte von Blumen;
im Herbst der volle Mond;
im Sommer eine frische Brise,
im Winter der Schnee.
Hast du den Kopf frei von müßigen Gedanken,
ist jede Jahreszeit für dich eine gute."

Mumon, „The Gateless Gate"

An der Kreuzung zwischen Jazz und Samurai-Bewusstsein, umwölkt von Unbeständigkeit, Komplexität, Ironie und Widerspruch, steht der Trader und müht sich eifrig, im Hier und Jetzt zu handeln. Gewinnt er innere Gelassenheit, bringt er außergewöhnliche Leistungen, jongliert mit Zen-Koans, ohne einen Guru oder einen Experten zur Unterstützung bei der Suche nach Antworten. Der Trader weiß, dass das Zen-Bewusstsein sich in allem widerspiegelt, was er im Markt sieht oder tut. Wie schon die alten Meister geschrieben haben: „Vor der Erleuchtung kommt das Holzhacken und das Wassertragen, danach ... das Holzhacken und das Wassertragen." Der Trader weiß intuitiv: Kreativität und Talent blühen, wenn man sie nutzt, und welken, wenn man sie vernachlässigt – wie in der Zeile des Billie-Holiday-Songs „the strong geht stronger and the weak ones fade." [die Starken werden stärker, die Schwachen schwächer – A. d. Ü.]

Der Trader ist wie der Massai-Krieger, der jeden Tag „dem Tod ins Auge sehen" und nur mit dem Speer und den bloßen Händen den Löwen jagen muss. Um bestehen zu können, muss er sich im Moment der Wahrheit auf seine Findigkeit und seine Instinkte verlassen, das Risiko als Verbündeten begrüßen auf dem dornigen Weg zum angestrebten Ziel.

Trading hat weniger mit mathematischer Wissenschaft zu tun, mehr mit der Erschließung des Bewusstseins. Es verlangt Einfallsreichtum, Phantasie und den Mut, „zuzupacken". Nur so kann man die schwierige rechte Seite eines Kurscharts ergründen, die sich gerade erst entfaltet.

Für den Trader, der sich mit dem Tao befasst, ist der Markt wie ein aufgeschlossener Geist: ein offenes Fenster an einer offenen Straße, eine Lebenskraft, die ihm neue Energien liefert. Es eröffnet dem Trader die unermesslichen Möglichkeiten, die er hat, und das Potenzial, das einhergeht mit „positiven Schwingungen" und einem reichen Strom an Energie.

Trading ist ein Mikrokosmos des Lebens. Es beinhaltet Freude, Unsicherheit, Frust, Schmerz und Kampf. Es erfordert Mut, Optimismus, Demut und die zum Erfolg nötige Disziplin. Jeder neue Tag ist eine Herausforderung. Heißen Sie den Markt willkommen mit den Worten des Zen-Meisters Hakuin aus dem 18. Jahrhundert: „Schön, dich zu sehen. Weiter habe ich nichts zu sagen!"

Literaturhinweise

Abell, Howard. *Erfolgsrezept Day Trading.* FinanzBuch, 1999.

Abrams, J. and C. Zweig (Hrsg.) *Meeting the Shadow.* Los Angeles: St. Martin's Press, 1991.

Albert, R. S. (Hrsg.) *Genius and Eminence.* New York: Oxford University Press, 1983.

Arendt, Hannah. *The Human Condition.* Chicago: University of Chicago Press, 1956.

Baer, Jay. *Creativity and Divergent Thinking.* Hillsdale, NJ: Lawrence Erlbaum, 1993.

Barach, Roland. *Mindtraps: Mastering the Inner World of Investing.* Homewood, IL: Dow Jones-Irwin, 1988.

Barron, F. *Creative Person and Creative Process.* New York: Holt, Rinehart & Winston, 1969.

Baruch, Bernard M. *Baruch: My Own Story.* New York: Holt, Rinehart and Winston, 1957.

Benson, Herbert. *Beyond the Relaxation Response.* New York: Times Books, 1984.

– *The Mind/Body Effect.* New York: Simon and Schuster, 1979.

– *The Relaxation Response.* New York: William Morrow & Co., 1975.

– *Your Maximum Mind.* New York: Avon, 1987.

Berne, Eric. *The Nature of Intuition.* Psychiatric Quarterly, 1949, S. 203–206.

– *Intuition and Ego States.* New York: Harper and Row, 1977.

Blofeld, John. *The Path to Sudden Attainment.* London Buddhist Society, 1948.

– *The Zen Teaching of Huang Po.* London: Rider, 1958.

Bronowski, Jacob. *The Origins of Knowledge and Imagination.* New Haven: Yale University Press, 1978.

Butt, Dorcas Susan. *The Psychology of Sport.* New York: Van Nostrand Rheinhold, 1976.

Bynner, Witter. *The Way of Life According to Lao Tzu.* New York: Putnam, 1986.

Cade, C.M. und Coxhead, N. *The Awakened Mind.* New York: Dell, 1979.

Cameron, Julia. *Der Weg des Künstlers.* Droemer Knaur, 1996.

Cousins, Norman. *Der Arzt in uns selbst.* Rowohlt, 1996.

Cootner, P. (Hrsg.) *The Random Walk Character of Stock Market Prices.* Cambridge: MIT Press, 1964.

Csikszentmihalyi, Mihaly: *Kreativität.* Klett-Cotta, 1997.

– *Flow: Das Geheimnis des Glücks.* Klett-Cotta, 1996.

– *Das Flow-Erlebnis.* Klett-Cotta, 1996.

Doboeck, G. J. *Trading on the Edge.* New York: John Wiley and Sons, 1994.

Douglas, Mark. *The Disciplined Trader.* New York: New York Institute of Finance, 1990.

Faulkner, Charles und Freedman, Lucy. *NLP in Action.* Chicago: Nightingale Conant, 1993. Video.

Feng, G. und English, J. (Übersetzer). *Tao Te Ching.* New York: Random House, 1972.

Fisher, Milton. *Intuition.* New York: Dutton, 1981.

Fung, Yu-Lan. *A History of Chinese Philosophy.* Princeton: Desk Bodde, 1953.

– *The Spirit of Chinese Philosophy.* Übersetzt von E. R. Hughes. London: Kegan Paul, 1947.

Galwey, Timothy. *The Inner Game of Tennis.* New York: Random House, 1974.

Garfield, Charles A. *Peak Performance: Mental Training Techniques of the World's Greatest Athletes.* Los Angeles: Jeremy P. Tarcher, 1984.

Herrigel, Eugen. *Zen in der Kunst des Bogenschießens.* Scherz, 1983.

Huang, Chungliang Al und Jerry Lynch. *Tao-Sport – Denkender Körper – tanzender Geist.* Bauer, Hermann, 1995.

Jackson, Phil und Hugh Delehanty. *Sacred Hoops.* New York: Hyperion, 1995.

Jacobson, Edmund. *Anxiety and Tension: A Physiologic Approach.* Philadelphia: J. B. Lippincott, 1964.

Jerome, John. *The Sweet Spot in Time.* New York: Avon, 1982.

Jung, C. G. Gesammelte Werke Bd. 6. *Psychologische Typen.* Walter, 1995.

Kaltenmark, Max. *Lao-tzu und der Taoismus.* Insel, 1996.

King, Winston L. *Zen and the Way of the Sword: Arming the Samurai Psyche.* Oxford: Oxford University Press, 1994.

Koppel, Robert. *Bulls, Bears and Millionaires.* Chicago, Dearborn Financial Publishing, 1997.

– *How Winning Traders Think.* Chicago: Chicago Mercantile Exchange, 1995.

– *The Intuitive Trader.* New York: John Wiley and Sons, 1996.

Koppel, Robert, und Abell, Howard. *The Innergame of Trading. Modeling the Psychology of the Top Traders.* New York: McGraw-Hill, 1993.

– *The Outer Game of Trading: Modeling the Trading Strategies of Today's Market Wizards.* New York: McGraw-Hill, 1994.

Lau, D. C. (Übersetzer). *Tao Te Ching.* New York, Penguin Books, 1963.

Le Bon, Gustave. *The Crowd: A Study of the Popular Mind.* Atlanta, GA: Cherokee, 1982.

Leonard, George. *Mastery.* New York: Dutton, 1991.

– *The Ultimate Athlete.* New York: Viking, 1975.

Lin Yutang. *Die Weisheit des Laotse.* Fischer, 1996.

Loehr, James. *Tennis im Kopf.* BLV 1997.

– *Die neue mentale Stärke.* BLV 1998.

– *Mental Toughness Training for Sports: Achieving Athletic Excellence.* New York: Plume, 1982.

May, Rollo. *The Courage to Create.* New York: Norton, 1975.

McCall, Richard D. *The Way of the Warrior Trader.* New York: McGraw-Hill, 1997.

Merton, Thomas. *The Way of Chaung Tzu.* New York: New Directions Columbia University Press, 1968.

Mitchell, Stephen (Übersetzer). *Tao Te Ching.* New York: Harper and Row, 1989.

Nideffer, Robert M. *The Inner Athlete.* New York: Crowell, 1976.

Oates, Bob. *The Winner's Edge.* New York: Mayflower, 1980.

Pirsig, Robert M. *Zen und die Kunst ein Motorrad zu warten.* Fischer, 25. Aufl. 1998.

Plummer, T. *Forecasting Financial Markets: Technical Analysis and the Dynamics of Price.* New York: John Wiley and Sons, 1991.

– *The Psychology of Technical Analysis.* Chicago: Probus, 1993.

Poole, Roger. *Toward Deep Subjectivity.* New York: Harper and Row, 1972.

Robbins, Anthony. *Das Powerprinzip – Grenzenlose Energie.* Heyne, 1995.

Schwager, Jack D. *Magier der Märkte, Bd. 1.* Börsenbuch-Verlag, 1992.

– *Magier der Märkte, Bd. 2.* Börsenbuch-Verlag, 1997.

Shapiro, Nat und Nat Hentoff (Hrsg.) *Hear me Talkin' to Ya: The Story of Jazz by the Men Who Made It.* New York: Dover, 1966.

Sperandeo, Victor und Brown T. Sullivan. *Trader Vic – Methods of a Wall Street Master.* New York: John Wiley and Sons, 1991.

Suzuki, D. T. *Zen und die Kultur Japans.* O. W. Barth Verlag, 1994.

– *Zen Buddhism.* Hg. von William Barrett. New York: Anchor Book, 1956.

Thomas, Lewis. *The Lives of a Cell.* New York: Bantam, 1975.

Toppel, Edward A. *Zen an der Börse.* Droemer Knaur, 1994.

Waley, Arthur. *The Way and Its Power.* London: Allen and Unwin, 1958.

Wallas, Graham. *The Art of Thought.* New York: Harcourt Brace, 1926.

Watts, Alan. *The Joyous Cosmology.* New York: Random House, 1962.

– *The Spirit of Zen.* New York: Grove Press, 1958.

– *The Way of Zen.* New York: Random House, 1957.

Williams, Bill. *Trading Chaos.* New York: John Wiley and Sons, 1995.

Winter, Bud. *Relax and Win.* La Jolla, California: A. S. Barnes and Co., 1981.

Zukav, Gary. *Die tanzenden Wu Li Meister.* Rowohlt, 1985.

Index

169

Über den Autor

Robert Koppel ist Leiter der Innergame Division von Rand Financial Services, Inc., einem Unternehmen mit Sitz in Chicago, das an allen großen Börsenplätzen der Welt im Futures-Kommissionsgeschäft tätig ist. Er ist Autor von *Bulls, Bears and Millionaires* (Dearborn, 1997) und *The Intuitive Trader* (Wiley, 1996). Er war lange Jahre Mitglied der Chicago Mercantile Exchange und ist geschäftsführender Gesellschafter von Tao Partners. Er hat an der Columbia University Philosophie und Gruppenverhalten studiert.

Weitere Informationen erhalten Sie bei:

Innergame Division
Rand Financial Services
30 South Wacker Drive, Suite 2200
Chicago, IL 60606
800-726-3088
http://www.innergame.com
e-mail: bob@innergame.com

Sichern Sie sich Ihren persönlichen Preisvorteil!

Alle Neuerscheinungen werden Ihnen in unserem Infoletter „Börsen-Post" zu <u>attraktiven Subskriptionspreisen</u> angeboten. Bitte lassen Sie sich bei Interesse mit der beigefügten Postkarte auf die Bezugsliste setzen (die Börsenpost wird Ihnen dann kostenlos übersendet) oder informieren Sie sich beim Buchhändler Ihrer Wahl.

Unser Katalog gratis!

Wir informieren Sie gerne und ausführlich über unsere <u>Börsen-Briefe,</u> <u>Börsen-Bücher,</u> <u>Börsen-Signale und</u> <u>Börsen-Hotlines.</u>

Lassen Sie sich bitte unverbindlich unseren aktuellen Börsen-Katalog zusenden.

Rufen Sie einfach an unter 0 80 31/20 33-0, oder schicken Sie uns die beigefügte Postkarte.

ROSENHEIMER
BÖRSEN KATALOG